Arabian Nights

아라비안나이트 박물관

아라비안나이트 박물관

엮은이 | 국립민족학박물관
책임편집 | 니시오 테츠오
옮긴이 | 최민순
펴낸이 | 김성실
편집주간 | 김이수
편집기획 | 한승오 · 김인현 · 박남주
마케팅 | 이동준 · 김창규 · 강지연
본문 편집 | (주)하람커뮤니케이션
본문 · 표지 인쇄 | 중앙P&L(주)
제본 | 대흥제책
펴낸곳 | 시대의창
출판등록 | 제10-1756호(1999. 5. 11)

초판 1쇄 인쇄 | 2006년 7월 7일
초판 1쇄 발행 | 2006년 7월 15일

주소 | 121-816 서울시 마포구 동교동 113-81 4층
전화 | 편집부 (02) 335-6125, 영업부 (02) 335-6121
팩스 | (02) 325-5607
홈페이지 | www.sidaew.co.kr

ISBN 89-5940-042-4 (03380)
값 15,000원

ⓒ 2006, 시대의창, Printed in Korea.

※ 잘못된 책은 바꾸어 드립니다.

Legacy of the Arabian Nights
copyright ⓒ 2004 edited by National Museum of Ethnology & Tetsuo Nishio
All rights reserved.

No part of this book may be used or reproduced in any manner
whatever without written permission except in the case of brief quotations
embodied in critical articles or reviews.

Originally published in Japan by Toho Publishing Co., Ltd.
Korean Translation Copyright ⓒ 2006 by Window of Times.
Korean edition is published by arrangement with Toho Publishing Co., Ltd.
through BOOKCOSMOS.

이 책의 한국어관 저작권은 북코스모스를 통한 저작권자와의 독점 계약으로
시대의창에 있습니다. 신저작권법에 의해 한국 내에서 보호를 받는 저작물이므로
무단 전재와 복제를 금합니다.

아라비안나이트 박물관

Arabian Nights

국립민족학박물관 엮음 ｜ 니시오 테츠오 책임편집 ｜ 최민준 옮김

시대의창

인 사 말

프랑스의 동양학자 앙트와느 갈랑(Antoire Galland)이 아라비안나이트(원제 '천일야')를 처음 유럽 세계에 소개한 것은 지금으로부터 꼭 300년 전의 일입니다. 아라비안나이트 소개는 단순히 문학작품을 번역하는 데 그치는 게 아니라 커다란 문화사적 의미를 지닙니다.

아라비안나이트의 원형이 만들어진 것은 지금으로부터 약 1000년 전 바그다드에서였습니다. 당시 바그다드는 세계 최대의 도시로 이전의 어느 시대와도 비교할 수 없는 공전의 번영을 자랑하고 있었습니다. 얼마 후 바그다드가 멸망하자, 아라비안나이트의 무대는 카이로로 옮겨졌습니다. 아라비안의 이야기가 한데 모아지고 기록된 것도 이 시기였던 것으로 추정됩니다.

그러나 아라비안나이트는 정작 그것이 탄생했던 아랍 세계에서는 잊혀가고 있었습니다. 이 이야기집은 근세 유럽 세계에서 '재발견'되었습니다. 갈랑의 번역으로 순식간에 베스트셀러가 된 아라비안나이트는 유럽과 이슬람 세계의 틈바구니에서 기구한 운명의 장난에 휘말립니다.

유럽의 팽창은 저돌적으로 이슬람 세계를 식민지화해 갔습니다. 아라비안나이트는 그러한 시대 조류에 저항없이 휩쓸려갔습니다. 아라비안나이트를 통해 조성된 허상으로서의 중동 이미지는 실제의 중동 세계에 대한 시각을 고정화시켰습니다. 일본도 마찬가지였습니다. 메이지 유신 이후의 일본이 입수한 중동 정보는 근대 유럽을 경유했던 것이기 때문입니다.

이 책을 통해 아라비안나이트의 재발견과 변모를 둘러싼 역사를 되돌아보고, 타자他者에 대한 새로운 관계를 모색하는 실마리를 찾아보고자 합니다.

국립민족학박물관 관장
마츠조노 마키오(松園万龜雄)

아라비안나이트의 성립과 전개

	유럽의 역사	중동 세계의 역사	아랍어 원전과 간행본
600		632년 예언자 무함마드 사망 661년 우마위야 왕조 성립(~750)	하자르 · 아흐사네(?)
700	732년 푸아티에 전투 756년 이베리아 반도 후 옴미아드 왕조 성립	750년 압바스 왕조 성립(~1258) 762년 신도시 바그다드 건설 786년 하룬 알 라쉬드 즉위(~809)	
800	800년 카룰루스 대관식		가장 오래된 아라비안나이트 단편
900	962년 신성 로마 제국 성립	909년 파티마 왕조 성립(~1171) 969년 카이로 건설	9세기 경, 핵심 내용이 바그다드에서 편집됨
1000	1054년 그리스도 교회 동서 분열	1038년 셀주크 왕조 성립(~1194) 1055년 셀주크 왕조, 바그다드 입성 1099년 제1차 십자군, 예루살렘 공격	
1100		1193년 살라흐 앗 딘(살라딘), 다마스쿠스에서 사망	
1200	1241년 리그니츠 전쟁 1271년 마르코폴로 여행(~1275)	1250년 맘루크 왕조 성립(~1517) 1258년 몽골군, 바그다드 공격	
1300	1339년 백년전쟁(~1453)	1370년 티무르 제국 성립(~1507) 1377년 여행가 이븐 바투타 사망	갈랑 사본
1400	1453년 비잔틴 제국 멸망 1492년 콜럼버스, 신대륙 발견	1492년 그라나다 왕국 함락	게니자 문서 중 필사본
1500	1529년 오스만투르크 군, 빈 포위	1501년 이란에 사파비 왕조 성립 1517년 오스만 제국, 시리아 · 이집트 점령	15세기 경, 카이로를 무대로 한 내용 첨가
1600	1600년 영, 동인도회사 설립 1604년 프, 동인도회사 설립 1643년 프, 루이 14세 즉위	1683년 제2차 빈 포위 실패	
1700	1776년 미국 독립 선언 1789년 프랑스 혁명	1779년 이란 카자르 왕조 성립(~1925) 1787년 러시아 · 터키 전쟁(~1792) 1798년 나폴레옹의 이집트 원정	
1800	1804년 나폴레옹 황제 취임 1822년 샹폴레옹, 이집트 상용문자 해독 1840년 아편전쟁 1867년 파리 만국박람회 개최	1821년 그리스 독립 전쟁(~1829) 1869년 수에즈 운하 개통 1882년 영국에 의한 이집트 점령(~1914)	1814년 캘거타 제1판(~1818) 1824년 브레슬라우 판(~1843) 1835년 브라크 판 1839년 캘거타 제2판(~1842)
1900	1914년 제1차 세계 대전 발발(~1918) 1939년 제2차 세계 대전 발발(~1945) 1991년 소련 붕괴	1916년 사이크스-피크 협정 1923년 터키 공화국 성립 1932년 이라크 왕국 독립 1948년 이스라엘 건국, 제1차 중동전쟁 1979년 이란 혁명	1984년 마후티 판
2000		2003년 이라크 전쟁	

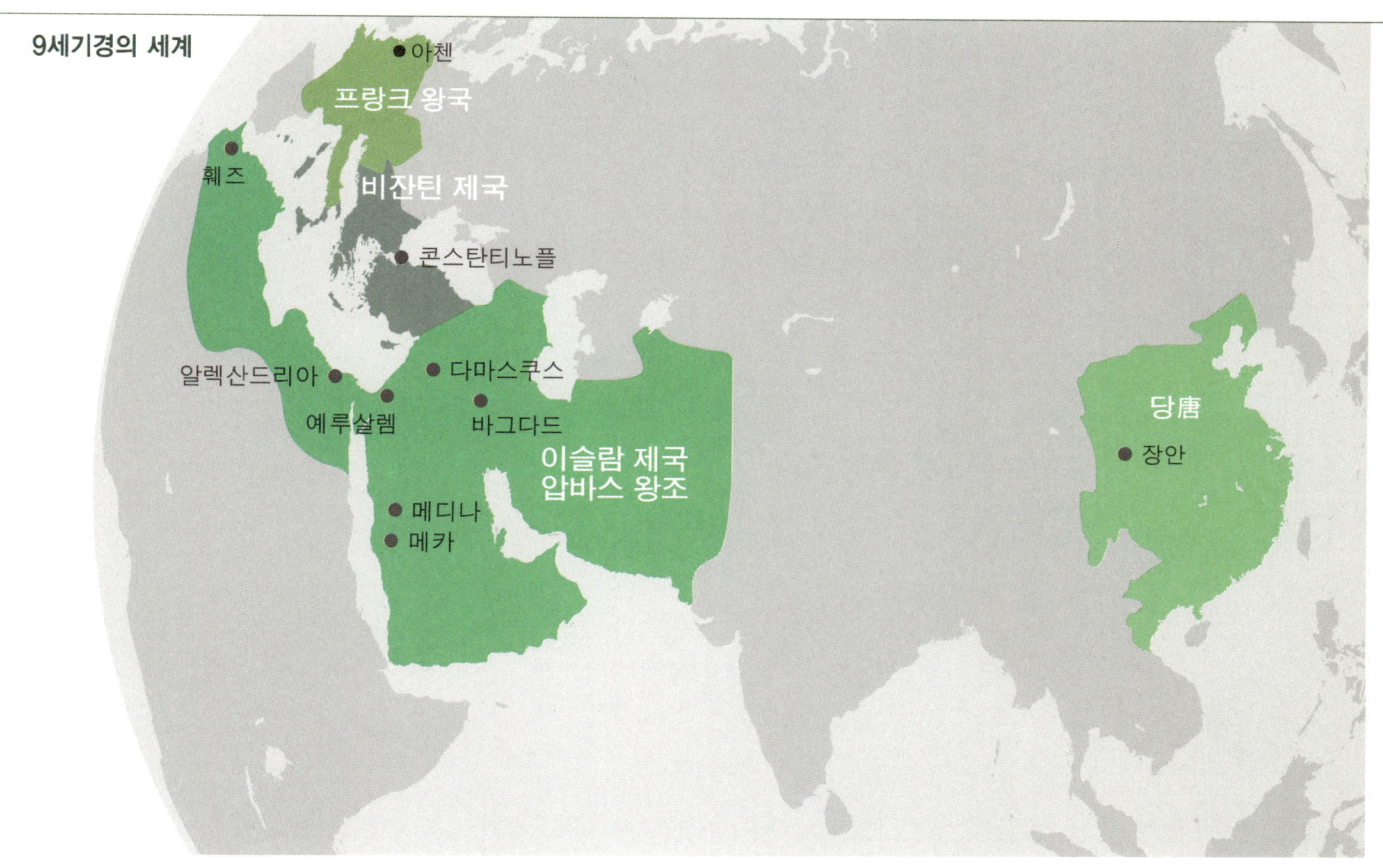

9세기경의 세계

외국어 번역 출판	일본어 번역 출판	일본의 역사
		1603년 에도막부 성립 1639년 쇄국령
1704년 갈랑의 프랑스어 번역(~1717) 　　　갈랑 판의 번역 1706년 영어　　　　1710년 독일어 1722년 이탈리아어　1732년 네덜란드어 1745년 덴마크어　　1763년 러시아어 1788년 『속천일야』(~1789)		1708년 니시카와 죠켄 　　　『증보화이통상고 增補華夷通商考』 1720년 니시카와 죠켄 　　　『사십이국인물도설 四十二國人物圖說』
1843년 페르시아어 1838년 레인의 영역(~1841) 1882년 페인의 영역(~1884) 1885년 버턴의 영역(~1888) 1899년 마르드류스의 영역(~1904)	1875년 나가미네 히데키 역 　　　『놀랍고도 기이한 아라비아 이야기 開卷驚奇暴夜物語』 1883년 이노우에 마키 역술 　　　『전세계일대기서 全世界一大奇書』	1821년 아라비아 산 낙타 2마리 유입. 1868년 명치유신
	1915년 스기타니 타이스이 역 『신역 新譯 아라비안나이트』(~1916) 1924년 히나츠 고노스케 『일천일야담 壹阡壹夜譚』(~1929) 1929년 오야 소이치 외 역 『천야일야 千夜一夜』(~1931) 1966년 오바 마사시 역 『버턴 판 천야일야 이야기』(~1967) 1966년 마에지마 신지・이케다 오사무 역 『아라비안나이트』(~1992)	1904년 러일전쟁(~1905) 1941년 태평양전쟁(~1945) 1973년 석유위기 2004년 자위대 이라크 파병

차례

- 9 **인사말** | 마츠조노 마키오
- 10 **아라비안나이트의 성립과 전개**
- 14 **천일일 밤의 꿈이 옮겨놓은 것**
  허구와 진실의 틈새에 핀 환상의 꽃 | 니시오 테츠오
- 16 **메시지** | 베르나르 드 몽페랑

제1부 아라비안나이트의 기원과 역사

- 18 **중동 세계 아라비안나이트의 기원**
- 20 이야기의 전통
- 21 가장 오래된 아라비안나이트 사본
- 22 **아라비안나이트 성립의 수수께끼**
- 24 앙트와느 갈랑
- 26 갈랑이 태어난 시대
- 28 **유럽의 아라비안나이트 붐**
- 30 갈랑 판 『천일야』의 반향
- 31 [번역가들의 초상] 에드워드 윌리엄 레인
- 32 [번역가들의 초상] 리처드 프란시스 버턴
- 32 [번역가들의 초상] 죠셉 샤를르 빅토르 마르드류스
- 35 **세계의 판타지로**
- 36 아동문학에서 세계문학으로
- 38 아메리카에서의 발견
- 39 중동 세계에서의 재발견

제2부 아라비안나이트가 엿보는 중동 세계

- 44 **알리바바의 세계 - 유목민과 낙타 문화**
- 46 낙타와 가축 문화
- 49 사막의 생활(주)
- 51 사막의 생활(의)
- 52 사막의 생활(식)
- 58 **세헤라자데의 세계**
- 60 팔레스티나 여성 의상(카와르 컬렉션에서)
- 65 라말라의 신부
- 66 이슬람과 베일
- 69 베일의 재발견
- 70 밸리댄스의 유혹
- 72 **아라비안나이트의 가락**
- 74 중동 이슬람세계의 악기
- 80 **열려라 참깨 - 중동 세계의 문자**
- 82 아라비아 문자와 알파벳
- 84 문학을 둘러싼 기술과 미술

칼럼

- 40 **신드바드들의 지리적 세계관** | 다케다 신
- 42 **밤 이야기와 여러 가지 장치들** | 야마나카 유리코
- 48 **아라비안나이트 동물지** | 노바야시 아츠시
- 50 **아라비안나이트의 말들** | 사토 요시코
- 53 **일본에 뿌리내린 중동의 산물** | 니시오 테츠오
- 54 **아라비안나이트 구루메** | 이노우에 미츠코
- 79 **이집트의 가희 움므 쿨숨** | 미즈노 노부오
- 86 **일본에 전해진 아라비아 문자** | 나카미치 시즈카
- 96 **샤갈의 리트그라프** | 고바야시 카즈에
- 109 **중국의 아라비안나이트** | 다루모토 테루오

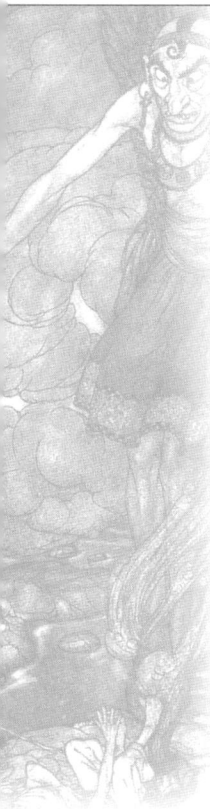

제3부 아라비안나이트 엔터테인먼트

- 88 삽화에서 예술로
- 90 여명기
- 91 오리엔탈리즘의 융성과 기술혁명
- 92 19세기 후반 — 자포니즘과 아르 누보
- 93 20세기 후반 — 삽화 황금시대
- 98 일본인의 중동 환상
- 100 에도 시대의 해외 인식
- 104 초기의 번역
- 105 동화의 세계
- 107 일본의 삽화 화가
- 108 성인 문학
- 110 오락산업과 아라비안나이트
- 112 판토마임에서 오페라로
- 113 일본의 무대로
- 114 다카라젠느와 천일야
- 115 영상 판타지
- 118 만화 아라비안나이트
- 119 홈 엔터테인먼트
- 121 관광 포스터로 보는 오리엔트 환상
- 122 에로틱 판타지
- 124 영 세헤라자데 — 몽키 펀치 판 아라비안나이트

- 126 참고문헌

범례

- 이 책은 국립민족학박물관의 특별전 '아라비안나이트 박람회'(2004년 9월 9일~12월 7일)에 맞추어 출판된 전시회 도록이다.
- 이 책에는 출품 자료들 중 주요한 것들을 게재했다.
- 게재 자료에는 도판 번호를 붙였다. 그 도판 번호는 권말의 자료 리스트 번호와 상응한다. 참고 도판, 현지 사진에는 도판 번호를 붙이지 않았으며 자료 리스트에서도 제외했다.
- 도판 해설은 도서 자료의 경우 도판 번호, 자료명, 저자명, 역자명, 화가명, 출판년, 출판지, 소장처, 자료 해설 순으로 기재했다. 표본자료는 도판 번호, 자료명, 수집지, 제작 연대, 소장처, 자료 해설 순으로 기록했다.
- 소장처의 기재가 없는 자료는 국립민족학박물관 소장이며, 권말의 게재 자료 리스트에 도서 번호, 표본 번호를 올렸다.
- 단원 해설, 코너 해설, 소칼럼은, 니시오 테츠오(T.N), 오다 쥰이치(O.J), 야마나카 유리코(Y.Y), 노바야시 아츠시(A.N), 고토 에미(E.G), 미즈노 노부오(N.M), 나카미치 시즈카(S.N), 고바야시 카즈에(K.K), 스기타 히데아키(H.S), 사사하라 료지(R.S), 츠바키하라 아츠코(A.T)가 집필했다. 집필자 명은 문단 끝에 상기의 이니셜로 표기했다.
- 도판 해설은 원칙적으로 코너 해설과 동일한 집필자의 해설이다.
- 아라비안나이트의 각 이야기의 제목, 스토리는 원칙적으로 마에지마 신지前嶋信次・이케다 오사무 역『아라비안나이트』(平凡社, 東洋文庫)를 인용했다.

[표지]

도적의 두목 앞에서 춤추는 마르쟈나
로렌스 하우스만 엮음, 에드몬드 듀락 그림
『알리바바와 40인의 도적』, 『아라비안나이트』, 1907년, 런던

[속표지]

로크 새에게 매달린 신드바드
로렌스 하우스만 엮음, 에드몬드 듀락 그림
『선원 신드바드』, 1914년, 런던

[속표지(뒷면)]

앙트완느 갈랑의 초상화
실베스더 드 사시 엮음, 앙트완느 갈랑 역,
『천일야』, 1839~1840년, 파리

[제1부 표지 그림]

세헤라자데
로렌스 하우스만 엮음, 에드몬드 듀락 그림
『아라비안나이트』, 1907년, 런던

[제2부 표지 그림]

흑단마에 올라탄 왕자
로렌스 하우스만 엮음, 에드몬드 듀락 그림
『흑단마 이야기』, 『아라비안나이트』, 1907년, 런던

[제3부 표지 그림]

바다에서 건진 병에서 나타난 진
로렌스 하우스만 엮음, 에드몬드 듀락 그림
『두반 현자의 이야기』, 『아라비안나이트』, 1907년, 런던

천 일일 밤의 꿈이 옮겨놓은 것
허구와 진실의 틈새에 핀 환상의 꽃

니시오 테츠오 西尾哲夫

"자비로우신 왕이시여! 이와 같이 알고 있사옵니다…"

유성이 무수히도 떨어지던 밤, 하렘의 깊숙한 방에서 희미한 등불에 알몸을 드러낸 아름다운 여인 세헤라자데가 목숨을 내맡긴 채 들려주었던 이야기는 천일하고도 하룻밤에 이른다. 순결한 사랑에 목숨을 바친 남자, 남자를 구슬로 만들어버린 악녀, 사탕발림으로 사람들을 속이는 교활한 자, 한결같은 신앙으로 일관하는 선남선녀, 이웃의 분별없는 풍문들, 궁중의 권모술수…. 세헤라자데는 중세 이슬람에서 태어난 도시 사람들의 빈부귀천의 격차를 뛰어넘는 종횡무진한 활약상과 시공을 초월하여 여러 희비가 엇갈리는 다양한 인생사를 그려낸다.

이 장대한 이야기가 어떻게 만들어졌는지는 아직까지도 풀리지 않는 부분이 많이 남아 있다. 인도와 이란에서 생겨난 설화가 중세 페르시아로 전파되었다가 다시금 아라비아어로 번역된 것이 직접적인 모체가 되었다고도 한다. 이 이야기집은 공전의 번영을 자랑했던 원형도시 바그다드에서 더욱 세련되게 다듬어졌다. 분명치는 않지만, 높은 문학적 소양을 지닌 인물의 손에 의해 오늘날 우리가 읽는 아라비안나이트의 원형이 완성되었던 것이 아닐까 한다. 그러나 그 내용은 천일일 밤에는 턱없이 부족한 약 2백 몇 십일 밤에 그쳐 있다. 면밀한 사본교정의 결과로는, 초창기의 이야기군은 하나의 문학적 의도로 한데 모아졌던 것으로 추정된다.

이슬람 문화의 황금시대인 압바스 왕조 시기의 바그다드에서 만들어진 『원형原型 아라비안나이트』는, 시대의 흐름과 함께 더욱 부풀려졌다. 몽골의 침공으로 바그다드가 궤멸하자 이슬람 세계의 문화 중심지는 카이로로 옮겨지고 한층 더 새로운 이야기가 만들어졌다. 십자군과의 오랜 전쟁은 이야기의 소재가 되어 민족적 기억으로 남았으며, 암흑의 세계를 뛰어다니던 남성의 발자취는 설화가 되어 민중의 갈채를 받았다. 알라딘의 이야기가 수록된 것도 아마 그 즈음이었을 것으로 추정된다. 문자 그대로 천일야의 긴 이야기 전집은 그렇게 완성된 것이다.

야담가가 전하는 아라비안나이트

아라비아어로 『아르흐 라이라 와 라이라』라고 불리던 이 이야기전집은, 전문 야담가에 의해 전해졌다고 한다. 전문적으로 이야기를 들려주는 이야기꾼의 모습은 압바스 왕조의 기록에도 등장한다. 그들은 사람이 모이는 사거리에 터를 잡고 다양한 이야기를 들려주었다고 한다. 아라비안나이트의 무대가 카이로로 옮겨지자 커피하우스가 그들의 활동 무대가 되었다. 세계 최초로 커피하우스가 생긴 것은 16세기의 카이로에서였다. 커피하우스는 사람들의 사교장소가 되어 마을의 떠도는 소문을 꽃피우고 서로의 정보를 교환하는 데 더할 나위없는 장소가 되었다.

영국인 의사 러셀이 남긴 『아레포 박물지』에는, 18세기 아레포(시리아)에서 활약했던 야담가의 작품이 생생하게 묘사되어 있다. "… 그(야담가)는 과장된 몸짓과 다양한 표정으로 이야기 하며… 모두가 손에 땀을 쥐고 마른 침을 삼키며 그 다음은 어찌 될까 그의 말을 기다리는 찰라, 야담가는 이내 입을 다물고는 황급히 퇴장해버린다. 청중은 저마다 야유를 보내며 몇 번이고 그를 붙잡아보지만, 번번이 그는 교묘하게 잘도 빠져나가는 것이었다."

이러한 야담가의 레퍼토리에는 아라비안나이트도 포함되어 있을 것이라 생각해 볼 수 있겠지만, 19세기 중동지역을 방문한 레인과 버턴 등의 작가들은 커피하우스에서 아라비안나이트가 구연되는 현장을 거의 목격하지 못했다고 한다. 당시의 커피하우스에서 상연되었던 것은 전설적인 영웅의 무용담이 주를 이루었다고 한다. 이슬람 문화의 황금기에 탄생한 아라비안나이트는 시대의 파도에 밀려 아랍 세계에서는 이미 희미한 그림자로 남아 있었다.

역사에 묻힌 동방으로의 꿈

'출생한 고향' 아랍 세계에서는 거의 잊혀가던 아라비안나이트는 시공을 뛰어넘어 루이 14세의 궁정에서 부활했다. 좀더 정확하게 표현하자면 부활했을 뿐 아니라 새로운 문학 작품으로 변용되었다. 이 변용에 선구적 역할을 했던 프랑스의 동양학자 앙트완느 갈랑의 아라비안나이트(프랑스 제목은 『천일야』) 제1권은 1704년에 발행되었다.

갈랑의 『천일야』는 새로운 형태의 환타지로서, 궁정은 물론 시민층에서도 열광적인 환영을 받았다. 『천일야』를 모방한 동방풍의 소설이 크게 유행하고, 갈랑 판 『천일야』가 완결되지 않았음에도 불구하고 영역본이 출판되었다. 당시에는 대본업이 발달하여 일반 서민도 손쉽게 책을 읽을 수 있었다. 이렇게 갈랑 판 『천일야』는 유럽의 서민이 공유하는 문학의 기본 소양이 되었다. 특히 영국에서는 산업혁명을 통해 발흥해가고 있었던 중류 시민층이 새로운 형태의 아동문학을 찾고 있었는데, 아라비안나이트는 이와 같은 시대적 요구에도 완전히 합치되고 있었다.

겉보기에는 단순한 번역서 출판이지만, 아라비안나이트 번역출판에는 근대사의 방향성과 밀접하게 연관되는 크고 깊은 문화사적 의미가 있다. 갈랑이 동방의 문화에 대해 품고 있었던 꿈은, 그의 의지를 넘어 거대한 역사의 조류에 실려 갔다. 아라비안나이트는 유럽과 이슬람 세계 모두를 '오리엔탈리즘'이라는 틀에 가둬버렸던 것이다.

갈랑의 시대, 유럽과 이슬람 세계의 입장은 결정적으로 역전되어갔다. 유럽에게 이슬람 세계는 더 이상 두렵기 만한 상대는 아니었기 때문이다. 이렇게 해서 동양에 대한 초기의 '오리엔탈리즘'이 싹트게 되었다. 그것은 간단하게 말하면 다른 문화에 대한 동경이었다. 그러나 근대사의 흐름은 동경이 동경 자체로 존속하는 것을 허용치 않았다. 팽창하는 유럽은 식민지 건설의 길로 걸음을 재촉했다.

오리엔탈리즘과 세계 문학

갈랑 판 『천일야』에는 초창기의 작품으로 보이는 2백 몇 십일 밤 이야기밖에는 기록되어 있지 않았다. 그 때문에 제목처럼 천일일 밤 이야기를 원하는 독자들의 바람에 부응하고자 하는 많은 노력이 이루어졌는데, 결국에는 위사본까지 등장하게 되었다. 알라딘 이야기는 아직까지도 아라비아어 원전을 발견하지 못했다. 갈랑 이후에도 아라비안나이트 번역은 계속되어 레인, 버턴, 마르드류스 등의 번역으로 아라비안나이트가 출판되었다. 이들 아라비안나이트를 통해 얻어진 정보는 시대의 흐름 따라 중동지역을 식민지화하는 도구로 이용되었다. 또 아라비안나이트에 의한 허구로서의 중동 이미지가 역으로 현실을 규정하게 되어 '오리엔탈리즘'의 구조가 완성되어갔다. 다시 말해, 현대의 아라비안나이트는 빛의 유산을 물려받은 것이라 할 수 있다. 유럽을 통해 아라비안나이트를 수용했던 근대 일본 역시 중동 문화에 대한 통찰력 있는 시선을 갖지는 못했다.

그러나 아라비안나이트의 현대적 의미는 그것만이 아니다. 유럽과 이슬람 세계라는 두 세계의 틈바구니에서 성장하고 변모해갔던 아라비안나이트는 지금도 여전히 변모에 변모를 거듭하고 있다. 아라비안나이트는 판타지의 대명사로서 각각의 이야기가 독립적으로 다듬어져 다양한 문맥 속에서 훌륭하게 적응해왔다. 이제 세계의 문학이 된 아라비안나이트는 앞으로 어떻게 변모해 갈까? 1000년 전 바그다드에서 생겨난 이야기집은 다른 문명의 접촉과 혼합을 둘러싼 흥미로운 문제를 제기하고 있다.

메시지

이번에 국립민족학박물관에서 『천일야』라는 장대한 책을 프랑스의 위대한 동양학자 앙트와느 갈랑이 최초로 번역한 지 300년이 되었음을 기념하여 실로 훌륭한 박람회를 기획해 주셨습니다. 갈랑의 번역은 먼저 서양에 그리고 얼마 후에는 일본에 알려지고 널리 확산되어 대단히 커다란 역할을 했습니다.

전람회에서는 먼저 여러분에게 갈랑이 사용했던 아라비아어로 된 300년 전의 사본을 보여드리도록 하겠습니다. 이것은 프랑스 국립도서관에서 특별히 빌려온 것입니다. 그리고 또 한 명의 위대한 프랑스 학자이자 통역가인 죠셉 샤를르 마르드류스(Joseph Charles Mardrus)도 소개합니다.

방문해주신 분들은 천일야의 성립 배경에 있는 아랍과 이슬람 문명의 황금기를 경험하실 수 있을 것입니다. 중동의 중후한 역사적 실태를 볼 수 있는 창이 이처럼 열리는 것은, 모든 것이 너무나도 단순화되어버린 이 시대에 참으로 좋은 기회라 할 것입니다.

이 전람회가 커다란 성공을 거둘 수 있기를 기원합니다. 그리고 국립민족학박물관, 특히 오랜 시간 끈기 있게 준비해오신 실행위원 여러분께 대단히 감사드립니다. 이 행사는 프랑스와 동양과의 관계에 대한 지식을 일본에 널리 알린다는 의미에서 시대의 획을 긋는 일임에 틀림없습니다.

베르나르 드 몽페랑
주일駐日 프랑스 대사

아라비안나이트라는 제목으로 친근한 이야기집이 세상에 나온 것은 지금으로부터 정확히 300년 전, 태양왕 루이 14세의 지배 아래 프랑스 귀족문화가 전성기를 맞이하던 시기의 일이다. 동양학자 앙트완느 갈랑이 아라비아어를 번역한 『천일야』(프랑스어 원제는 *Les mille et une nuit*이지만, 영역 제목인 *Arabian Nights*가 일반적이 됨)는, 궁정뿐 아니라 일반 서민들에게도 열광적인 환영을 받았다. 아라비안나이트는 어떤 이야기며, 언제, 어떻게 성립되었을까?

제 I 부

아라비안나이트의 기원과 역사

중동 세계
아라비안나이트의 기원

컴퓨터 그래픽으로 재현한 중세 바그다드
NHK 제작, 2003년
아라비안나이트에 등장하는 압바스 왕조(750~1258) 칼리파
하룬 알 라쉬드가 살았던 9~10세기경의 원형도시 바그다드를
컴퓨터 그래픽으로 재현한 모습.
당시 바그다드의 인구는 150만 명, 당唐의 장안에 버금가는 대도시였다.

최근의 연구에 따르면, 아라비안나이트에 포함된 이야기 중 초기 작품에 속하는 내용은 인도와 페르시아에 기원을 두고 있다. 아라비안나이트 이야기 앞부분에 세헤라자데(샤라자드)의 아버지인 대신大臣이 말하는 동물설화와 비슷한 이야기는 불교설화집 『샤타카(Sataka)』에서 찾을 수 있다. 아라비안나이트 전반에 농후하게 드러나는 '여자혐오'의 문학적 전통으로 보더라도 인도로부터 상당한 영향을 받았을 것으로 보인다.

아무래도 인도나 페르시아에서 비롯된 것으로 보이는 몇 편의 이야기가 사산 왕조(226~651) 시기에 정리되었고, 이것이 이슬람이 발흥하면서 아라비아어로 번역되어 널리 퍼진 듯하다. 9세기, 아라비안나이트의 원형으로 보이는 이야기가 쓰인 가장 오래된 아라비아어 사본 일부분이 발견되었는데, 그 사본을 보면 당시에도 현재 전해지고 있는 내용과 비슷한 양상으로 스토리가 전개되고 있었음을 짐작할 수 있다.

아라비아어 자료로 눈을 돌려보면, 아라비안나이트 일부분이 아닐까 생각되는 이야기는 연대 기록자로 유명한 9세기의 작가 마스우디의 저작 『황금 목장』에 등장한다. 마스우디에 따르면 『황금 목장』보다 먼저 『하자르 아흐사네』(중세 페르시아어로 '천 가지 이야기'라는 뜻)라는 이야기집이 있었다고 한다. 이 이야기집에는 페르시아, 인도, 그리스에 전해지는 옛날이야기가 담겨 있다고 하며, 이것을 아라비아어로 통역한 것이 『아르흐 라이라』(천일 밤)라는 제목으로 알려져 있다고 한다.

9세기의 이븐 안나디무도 마스우디와 같은 내용의 기록을 남기고 있다. 서점 주인이었던 안나디무가 작성한 서적 목록에는 『하자르 아흐산』이라는 책 이름이 기록되어 있다. 안나디무의 설명을 빌리자면, 이 이야기는 '하룻밤 동침한 처녀를 날마다 죽여왔던 왕'이 '세헤라자데라는 현명한 처녀'의 이야기를 듣게 되면서 결국 보복성 악행을 그만둔다는 줄거리로 되어 있다.

또, 안나디무는 『하자르 아흐사네』에는 약 200 가지의 이야기밖에 수록되어 있지 않았다고 하며, 그 모두가 '조잡한 줄거리의 하잘 것 없는 이야기'였다고 한다. 최근의 연구에서는, 아라비안나이트의 모태가 되었던 이야기집은 오늘날의 형태보다 훨씬 짧은 것으로, 마스우디와 안나디무가 기록했던 '천 가지 이야기'와 초기의 아라비안나이트의 사이에 모종의 연관성이 있는 것으로 보고 있다.

그 후, 12세기 카이로에서 편찬된 서적 목록에는 지금과 같은 『천일야(아르흐 라이라 와 라이라)』라는 제목이 기록되어 있다. 당시의 이집트에서 이 같은 종류의 이야기가 널리 읽히고 있었다는 사실은 다른 자료로도 증명할 수 있다.

이상을 종합해보면, 틀림없이 9세기 혹은 10세기의 바그다드에서 원형이 만들어져 차츰 이야기의 살이 붙었으며 15세기경의 카이로에서 최종적으로 정리되었던 것으로 볼 수 있다.

그러나 9세기경에 출현한 『아르흐 라이라』의 원본은 발견되지 않았으며, 초기의 이야기들이 어떠한 경위로 지금과 같은 형태가 되었는지는 지금까지도 밝혀지지 않고 있다. ─── T.N

001
중세 아랍의 야담가
하리리 지음, 와시티 그림
『마가마트』(Magamat, 사람이 모이는 장소라는 뜻으로 설화 형식에 의한 아랍 문학의 한 장르)
1237년, 프랑스, 국립도서관 소장, Arabe 5847 f.69v
중세 아랍 산문 문학의 걸작, 하리리(1122년 사망)가 쓴 『마가마트』의 한 장면.
달변으로 사람을 사로잡는 주인공 아부 사이드가 청중에게 이야기를 하고 있는 장면.

이야기의 전통

아랍 세계의 아라비안나이트는 전문 야담가의 입을 통해 전해 내려온 것으로 보인다. 그들은 거리와 커피하우스에서 다양한 이야기 공연을 펼쳤다. 영국의 의사 러셀이 남겼던 『아레포 박물지』에는 18세기 시리아에서 활동하던 야담가의 공연이 생생하게 묘사되어 있다. 19세기 카이로에서 생활한 경험이 있는 아라비안나이트 번역가 레인은 당시의 카이로 서민들에게 가장 인기가 있었던 공연은 전설적인 영웅의 무용담이었다고 한다. 아라비안나이트는 그보다 인기 있는 공연은 아니었던 듯하며, 민간에서는 거의 잊혀졌던 것으로 보인다. 오늘날의 중동 세계에서 이야기 공연의 전통은 거의 사라졌지만, 최근 들어 야담가의 공연을 부활시키고자 하는 시도가 이루어지고 있다. ——— T.N

002
19세기 카이로의 전문 야담가
레인 저, 『현대 이집트인의 풍속습관』 제3판,
1842년, 런던, 개인 소장
당시에는, 라바브(rabab, 이슬람 문화권에서 쓰이고 있는 아라비아의 현악기)와 같은 악기를 연주하면서 이야기했다.
훌륭한 화가이기도 한 레인은 제3판에 많은 그림을 수록했다.

003
그림자 인형(카라교즈)
현대, 터키
카라교즈(검은 눈동자)라는 이름의 주인공을 중심으로 전개되는 전통적인 그림자 인형극.
얇은 낙타 가죽에 색칠한 인형을 막대기에 부착시켜서 연출자가 그것을 조정한다.
조수가 효과음을 담당.

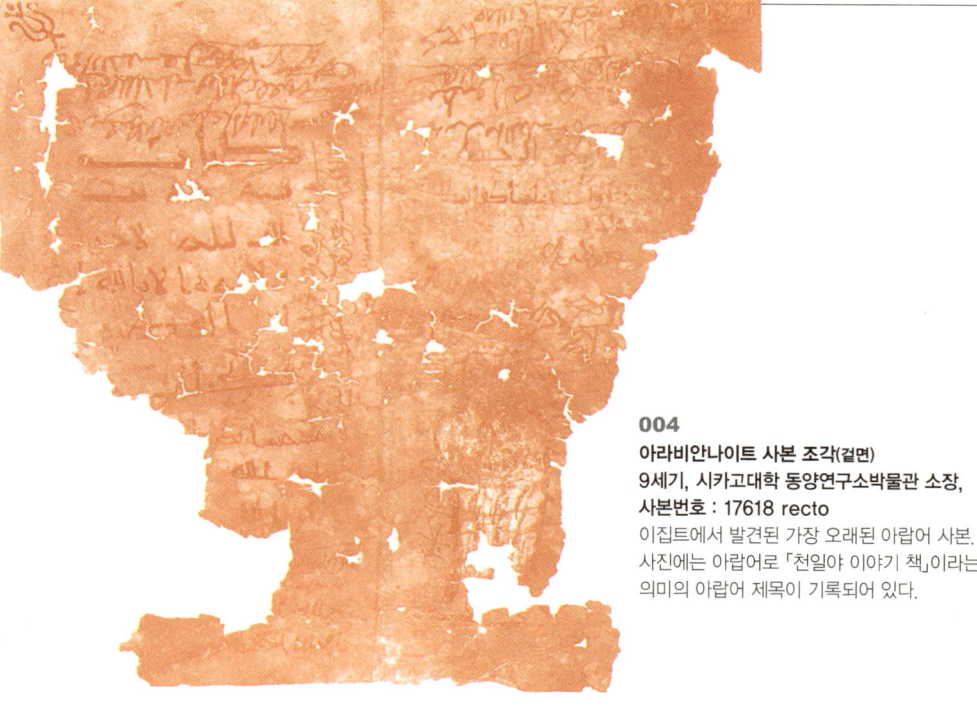

004
아라비안나이트 사본 조각(겉면)
9세기, 시카고대학 동양연구소박물관 소장,
사본번호 : 17618 recto
이집트에서 발견된 가장 오래된 아랍어 사본.
사진에는 아랍어로「천일야 이야기 책」이라는
의미의 아랍어 제목이 기록되어 있다.

가장 오래된 아라비안나이트 사본

1947년 시카고 대학이 이집트에서 구입한 고문서에서 현존하는 최고最古의 아라비안나이트 사본이 발견되었다.

이 아라비안나이트 사본은 종이에 씌어 있었고 조각조각 부분적으로만 전해지고 있으나 다행스럽게도 이야기의 제목과 서두 부분이 기록되어 있었다. 아랍어 제목은 『키다브 하디스 아르흐 라이라』 즉「천일야 이야기 책」이다. 이 조각에는 이야기의 서두 15줄이 씌어 있고, 아라비안나이트의 내레이터 세헤라자데가 샤라자드라는 이름으로 등장한다. 사본 조각에는 동생인 두냐자드가 샤라자드에게 "잠이 들지 않았다면 이야기를 들려주세요"라고 조르는 장면이 씌어 있다. ─── **T.N**

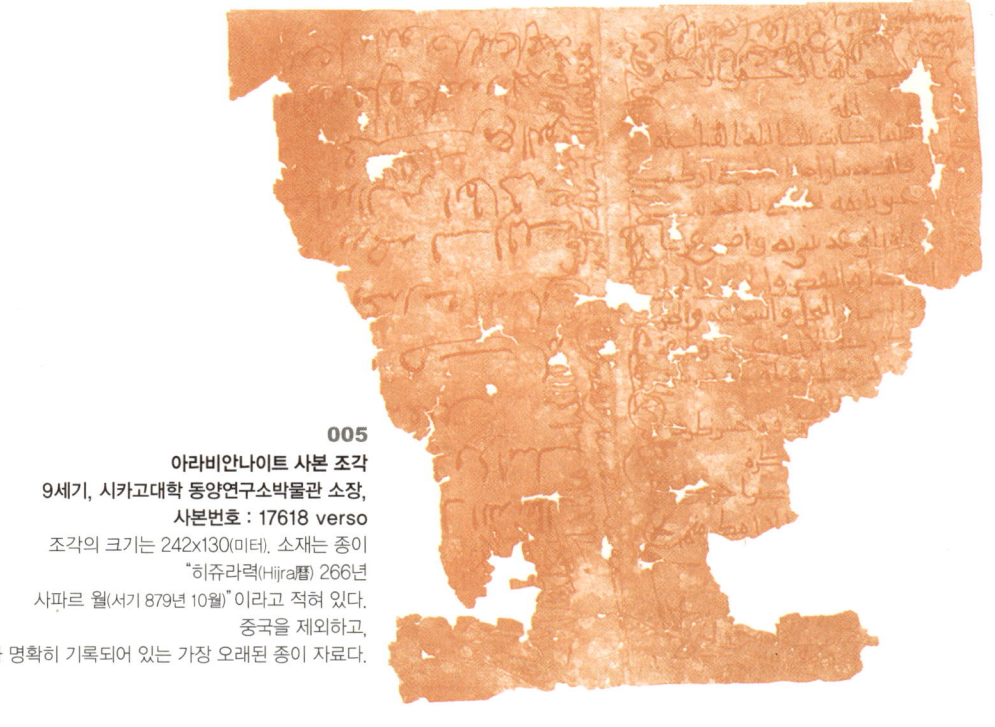

005
아라비안나이트 사본 조각
9세기, 시카고대학 동양연구소박물관 소장,
사본번호 : 17618 verso
조각의 크기는 242x130(미터). 소재는 종이
"히쥬라력(Hijra曆) 266년
사파르 월(서기 879년 10월)"이라고 적혀 있다.
중국을 제외하고,
연대가 명확히 기록되어 있는 가장 오래된 종이 자료다.

아라비안나이트 성립의
수수께끼

중동 세계에서는 거의 잊혀졌던 아라비안나이트는 프랑스의 동양학자 앙트와느 갈랑의 번역을 계기로 18세기 프랑스 궁정에서 별안간 베스트셀러가 되었다. 그 이후 아라비안나이트는 유럽의 여러 언어로 번역되어 널리 읽혔으며, 세계문학으로의 변신을 이룩하였다.

갈랑은 아라비아어를 비롯한 동양의 여러 언어에 정통하여 중동 세계를 두루두루 여행하며 정보 수집에 나섰다. 그러나 그의 일기 등으로 미루어 보건대, 중동에 머물러 있을 당시 갈랑은 아라비안나이트의 존재를 알지 못했던 것 같다. 프랑스에 귀국한 갈랑은 가지고 있던 『신드바드 항해기』를 프랑스어로 번역했다. 정확한 일시는 알 수 없으나 「신드바드」는 1698년에 번역이 끝나 있다.

오늘날 아라비안나이트의 한 작품으로 유명한 「신드바드 항해기」는 아라비안나이트와는 다른 계통의 이야기군에 속해 있다. 그러나 갈랑은 「신드바드」가 『천일야』라는 장대한 이야기의 일부라고 굳게 믿고 있었다고 한다. 그래서, 『천일야』 전편全篇

의 번역을 계획한 갈랑은 지인을 통해 3권에서 4권의 사본을 구하여 곧바로 번역을 시작했다. 갈랑 판 『천일야』 제1권은 1704년에 출판되었다.

갈랑이 번역에 사용한 아라비아어 사본 3권, 4권 중 3권은 파리 국립도서관에 소장되어 있다. 4권은 행방이 묘연하지만, 설령 발견되었다 해도 이들 사본에 기록되어 있는 것은 2백 몇 십일 밤의 이야기에 그친다. 『천일야』에는 제목처럼 천일 밤의 이야기가 들어 있을 것이라 믿었던 갈랑은 어떻게든 이어지는 이야기의 사본을 손에 넣고자 했다.

천일 밤의 이야기를 찾고 있던 갈랑은 지인을 통해 시리아의 수도승 한나 디야부를 만나 디야부로부터 열네 가지 이야기를 더 알아낼 수 있었다. 이때 디야부가 들려준 이야기에 속에는 아라비안나이트를 대표하는 이야기로 유명한 '알라딘과 마법의 램프'도 들어 있었다. 즉, 알라딘의 이야기는 아라비아어로 된 사본을 번역한 것이 아닌 것이다. 알라딘의 출처는 지금도 여전히 밝혀지지 않고 있다.

이와 같이, 갈랑이 세상에 내놓은 이야기집은 원전의 아라비아어 사본을 그대로 번역한 것이 아니다. 신드바드도 알라딘도 본래의 『천일야』에는 들어 있지 않은 이야기였다. 게다가 갈랑은 『천일야』에 천일일 밤의 이야기가 모두 기록되어 있을 것이라 믿었다. 그 때문에 사람들은 여러 다양한 사본으로부터 이야기를 끌어다가 갈랑 판 후속편을 사칭하며 가짜 사본을 만드는 사람도 나타났다.

이렇게 해서 새로운 『천일야』가 유럽에서 탄생하였다. 온라인 『대영백과사전』에는 "아라비안나이트는 서양의 민속학(folklore)의 일부가 되었다"고 쓰여 있다. 새로운 『천일야』는 동방에 대한 환상을 더욱 부추겼다. 아랍 세계에서도 갈랑 판을 계기로 아랍 세계에서는 처음으로 아라비안나이트 인쇄본이 출판되었다. 갈랑이 '만들어낸' 새로운 『천일야』는 시대의 물결에 농락당하면서도 풍부한 상상의 세계를 펼쳐갔다. ─── T·N

006
「유럽 아시아 아프리카를 그린 터키 제국의 지도」
A. H. 제이요 저, 1686년, 파리
갈랑과 동 시대에 프랑스에서 출판되었던 중동 지도.
제이요(1632~1712)는 당시를 대표하는 지도 제작자이며,
루이 14세를 보좌했다.
오스만 제국의 지리 정보를 정확하게 전해준다.

앙트와느 갈랑

앙트와느 갈랑(1646~1715)은 파리 교외의 로로라는 작은 마을에서 태어나, 파리에서 동양의 여러 언어(아라비아어, 페르시아어, 히브리어, 오스만투르크어 등)를 익혔다. 외교사절이 된 프랑스 귀족의 수행원으로서 중동 세계에 들어간 갈랑은 열성적으로 자료 수집에 몰두하는 한편 견문을 넓혔다. 프랑스로 돌아온 후에는 오리엔탈리즘(동양학) 초창기의 기념비적 저작이라 할 수 있는 『비브리오테커 오리엔탈(Bibliotheca Oriental)』의 편집에도 참여했다. 『천일야』의 번역 외에도 아랍어로 된 동물설화 『카리라와 디무나』의 오스만투르크어 판을 프랑스어로 번역했다. 유럽 최초로 커피에 관한 논문을 썼던 것도 갈랑이었다. ─── T.N

007
『천일야』
A.갈랑 번역, 1704~1717년, 파리, 개인 소장
갈랑 판 『천일야』의 초판본.
"갈랑이여, 어서 속편을!"이라는 귀부인들의 독촉이 쇄도했을 만큼 최고의 베스트셀러였다.

008
「천일야」 사본(갈랑 사본)
14세기, 시리아, 프랑스 국립도서관 소장,
Arabe 3609 Ms. Galland f. 15~16
현존하는 가장 오래된 아라비안나이트 필사본.
2백 몇 십일 밤 이야기 내용이지만 원형에 가장 가까운 이야기가 수록되어 있다.
갈랑이 번역을 하면서 군데군데 적어둔 메모가 보인다.

009
「신드바드」 사본
17세기, 프랑스 국립도서관 소장, Arabe 3646 f. 1
갈랑이 번역하며 텍스트로 삼은 가장 오래된 아라비아어 원전.
우측 상단에 갈랑의 서명이 보인다. 원래 이 이야기는 『천일야』와는
별개로 만들어진 것으로 보이며 밤의 구분도 되어 있지 않다.

010
「알라딘」 사본
18세기?, 프랑스 국립도서관 소장,
Arabe 3616 Ms. Chavis F. 199
갈랑의 번역에는 있으나 소재를 알 수 없었던
알라딘의 아라비아어 원전.
최근에 들어서야 샤뷔(Dom Denis Chavis)라는
시리아 사람이 날조한 것으로 판명되었다.
알라딘의 이름이 보인다.

011
「바그다드」 사본
19세기 초엽?, 바그다드?, 프랑스 국립도서관 소장,
Arabe 4678 Ms. Sabbagh f. 180v~181
이라크계의 옛 이야기 전승을 전해주는 유일한 사본으로,
알라딘의 원전도 포함되어 있다(134~135일째 밤).
사실은, 사바크(sabbagh)라는 레바논 사람의 위서였다.

갈랑이 태어난 시대

갈랑이 살았던 시기는 태양왕 루이 14세(재위 1643~1715)의 시대와 정확하게 일치한다. 유럽과 이슬람 세계는 천년 동안 복잡한 관계에 놓여 있었으나 이 시기에 유럽 세계가 우위를 점하기 시작한다. 1683년, 빈을 포위한 오스만투르크 군은 공격에 실패하고 퇴각하고 있었다. 이슬람 세계가 군사적·문화적으로 쇠락하면서 유럽에서는 동방에 대한 '수집'(오리엔탈리즘의 초기 형태)이 유행하여 동방 사물에 대한 관심이 한층 높아졌다. 이 시기는 또한 페로(Charles Perrault)로 대표되는 동화가 인기를 얻었던 시대이기도 했다. 갈랑의 『천일야』가 베스트셀러가 된 데에는 이와 같은 시대적 배경이 있었다. —— T.N

012
비브리오테크. 오리엔탈
바르티레미 딜브로 편, 1697년, 파리
유럽에서 출판되었던 최초의 동양백과사전. 딜브로가 죽은 후에는 갈랑이 계승하여, 직자 서문과 루이 14세에게 바치는 글을 썼다. 천일야에 관한 기술은 없다.

015
『세계의 기술』 중에서 『메카의 지도』
A. M. 마레 저, 1683년, 파리
마레(1630~1706)는 루이 14세의 군대에 봉직했던 공병이었으나 후에 실용적인 지도 제작자로 유명해진다.
많은 여행으로 실제로 본 것에 근거한 기술이 풍부하다.

016
『세계의 기술』 중에서 『메디나의 지도』
A. M. 마레 저, 1683년, 파리
이슬람교 2대 성지인 메카와 메디나는 무슬림 이외의 사람에게는 예나 지금이나 금단의 지역이지만 여행자에 의해 많은 지리 정보가 알려졌다.

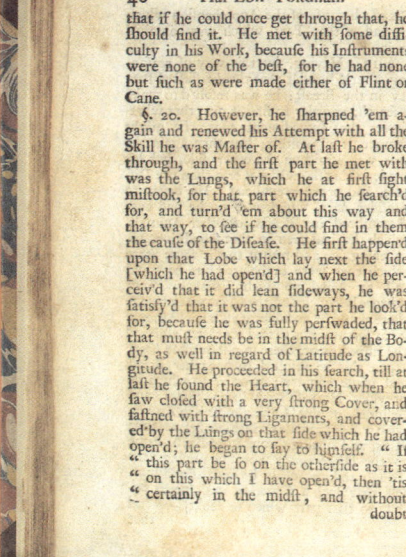

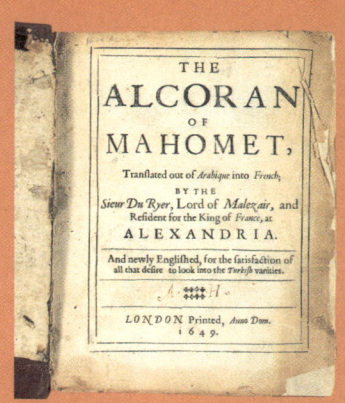

013
「하이 이븐 욕산의 생애에 나타난 인간이성의 개선」
이븐 토파일 저, 시몬 오크리 역, 1708년, 런던
이븐 토파일이 쓴 「하이 이븐 욕산」이라는 철학소설의 아라비아 원전을 영역해 놓은 것.
이 이야기를 참고로 하여 「로빈슨 크루소」가 씌어졌다고 한다.

014
「무함마드의 꾸란」
1649년, 런던, 이슬람교 성전聖典인 꾸란의 최초 영어완역
1647년에 출판된 앙드레 듀 리에의 프랑스어 번역을 영어로 다시 번역한 것으로 예언자를 저자로 보는 등의 오해도 많다.

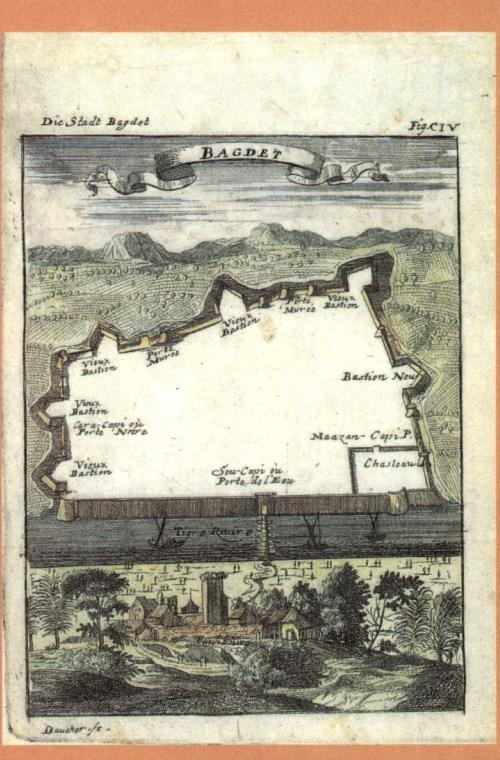

017
「세계의 기술」 중에서 「카이로의 지도」
A. M. 마레 저, 1683년, 파리
마레의 지도수첩은 여행자 취향의 휴대용 안내서로서 출판이 계속되었다.
당시의 카이로는 오스만 제국의 영토였으며 중세 카이로의 번영은 과거의 일이 되었다.

018
「세계의 기술」 중에서 「바그다드의 지도」
A. M. 마레 저, 1701년, 프랑크푸르트
바그다드는 '평화의 도시'라고 불리며 번영을 과시했으나 13세기에 몽골의 침입으로 궤멸하였다.
이 그림 당시에는 오스만 제국의 지배 하에서 조금씩 부흥하고 있었다.

27

유럽의 아라비안나이트 붐

유럽에서 출판된 여러 종류의 갈랑 판 번역본.
19세기가 되면 독서인구가 증가하고 이것이 인쇄·제본기술의 진전과 맞물려 갈랑 판을 번역한 책들이 많이 출판되었다.
일반 독자는 갈랑 판으로는 부족한 다른 이야기들을 원했다.
저작권이 없었던 시대이기도 했지만 아라비안나이트 자체에 저자가 밝혀지지 않았던 것도 출판을 용이하게 한 일면이었다.

1704년에 제1권이 출판된 갈랑 판『천일야』는 순식간에 베스트셀러가 되었다. 갈랑이 번역한 아라비아어 사본에는 이백 몇 십일 밤 이야기밖에 수록되어 있지 않았으므로 오리지널 사본의 완역 후에는 얼마간의 공백이 있었다. 이때는 인기 상품의 후속편을 발행하고자 했던 출판사가 다른 이야기집(『천일일 이야기』 페티 드 라 크로와 역)에서 제멋대로 발췌한 부분을 짜집기해 넣는 희한한 일들도 일어났다.

당시의 프랑스 궁정에서는 페로 동화집으로 대표되는 동화류가 크게 유행하고 있었는데,『천일야』가 상류 계층에서 베스트셀러가 된 배경에는 이러한 사정도 있었다. 또한 중앙집권이 확립되는 루이 14세 시대에는 프랑스어 교육이 전개되어 문맹률이 낮아졌기 때문에 명료하면서도 평이하게 쓰인 프랑스어『천일야』는 민중을 위한 읽을거리로서도 최적이었다. 시대의 요구에 완벽하게 부합한『천일야』는 재판을 거듭하였으며, 프랑스 대혁명 전야에는 샤뷔와 카조트에 의한 '속간'(사실은 출처가 의심스러운 사본을 연결하여 짜맞춘 것)까지 등장하였다. 샤뷔는『알라딘』의 위사본을 만들어낸 인물이기도 하다.

이 시기 프랑스에서는 갈랑 판『천일야』의 성공에 영향을 받아 동양풍의 이야기가 연이어 발표되었다. 뒤도르, 몽테스큐, 볼테르를 필두로 당시 이름난 문인들은 모두『천일야』의 분위기를 흉내낸 동양풍의 이야기를 남겼다. 그러나 당시『천일야』가 전해준 신비함으로 가득한 동방세계는 단순한 소도구에 지나지 않았다. 프랑스는 당시의 유럽 문화의 가장 큰 중심지였기 때문에 파리에서 베스트셀러가 된『천일야』는 유럽의 모든 국가에 빠르게 퍼져 나갔다. 1706년에는 영역본이, 1710년에는 독역본이 출판되었다. 이것들은 모두 갈랑 판을 번역한 것이다. 게다가 1722년에는 이탈리아어, 1732년에는 네덜란드어, 1745년에는 덴마크어, 1763년에는 러시아어 번역본이 차례로 간행되었다. 이 밖에도 18세기 후반에는 루마니아어, 플라망어, 이디시어, 체코어 등으로도 출판되었다. 소년 시절의 괴테와 안데르센이『천일야』에 친숙해 있었다는 사실은 잘 알려진 이야기다.

독일에서도 아라비안나이트의 열기가 과열되어 오스트리아의 동양학자 한머 푸르크슈탈은 카이로에서 아라비안나이트의 결말을 기록한 사본을 발견하기도 했다. 이 사본은 후에 프랑스어로 번역되었으나 현재는 사본, 번역본 모두 전해지지 않고 있다(프랑스어를 독일어로 번역한 것은 현존함). 영국에서도 동양풍의 이야기는 인기를 모았다. 사전 편집자로 유명한 존슨 박사도 이러한 종류의 이야기에 기독교의 풍미를 가미한 작품을 남겼다.

또한 18세기 후반 이후에는 동방 모든 국가에 대한 언어 연구 열기가 뜨거워졌음을 알 수 있다. 1795년에는 파리에 현대동양어학원이 창설되었다. 그 직후 시작된 나폴레옹의 이집트 원정(1798년)에 의해 동방세계는 과학적 방법에 근거한 학술연구의 대상이 되었고, 아라비안나이트는 시대의 커다란 소용돌이 속에서 또 다른 모습으로 변용되어 갔다. ──────T.N

갈랑 판 『천일야』의 반향

갈랑 판 『천일야』의 성공으로 수많은 관련서가 출판되었다. 출판 직후부터 보급판과 영어판이 출시되었을 뿐 아니라 지금으로 말하면 해적판도 등장했다. 독일어와 네덜란드어를 시작으로 유럽의 모든 언어로 번역된 것은 말할 것도 없다. 프랑스에서는 『천일야』의 인기에 편승하여 속편이라고 이름붙인 이야기집과 위서도 등장했다. 한편으로는 전통적이고 학문적인 저자도 있어 당대 일류 동양학자의 손을 거친 교정본도 출판되었다.

갈랑 판 『천일야』는 아라비아어로 된 인쇄본 출판도 촉진시켰다. 1814년부터 1818년에 인쇄되었던 이른바 캘커타 제1판을 비롯한 브레슬라우 판, 브라크 판 등 현존하는 주요 아라비아어 인쇄본은 모두가 갈랑 판이 출판된 이후의 것이다. ── T.N

019
해적판 『천일야』
A. 갈랑 역, 1707~31년, 하그, 네덜란드
가장 초기의 삽화가 들어 있는 인쇄본. 세헤라자데의 모습이 처음으로 책을 출판하려면 국왕의 인가를 받아야 했는데, 책이 나오기가 무섭게 해적판이 출판되었다.

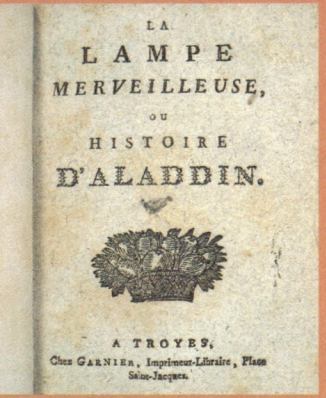 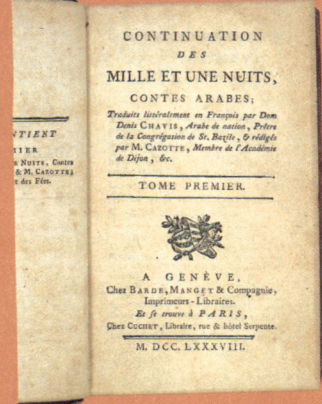 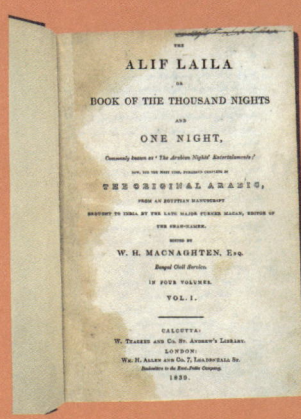

020
『요술 램프 혹은 알라딘 이야기』
1760년경, 토로와, 프랑스
'청본'(그림이 들어간 대중소설)이라 불리는 민중본. 특히, 프랑스 중부의 토로와에서는 청본 인쇄가 성행하여 행상인이 팔고 다니기도 했다. 알라딘과 알리바바는 일찍부터 인기 있는 확실한 소재였다.

021
『속천일야』
샤뷔·카조트 편역, 1788~1789년, 제네바
2백 몇 십 일 이야기밖에 없는 갈랑 판의 연속으로, 시리아 인 샤뷔가 저명한 문필가 카조트와 함께 출판하였다. 원전 번역과는 다르며 파리에 있는 다양한 원고들을 한 곳에 모아놓은 것이다.

022
『아르흐 라이라 혹은 천일야 이야기서』
W. H. 막나텐 편, 1839~1842년, 캘커타
캘커타 제2판. 현재로서는 가장 좋은 아라비아 원전으로 여겨지고 있다. 원래는 아라비아어와 이슬람교를 공부하는 영국인 관리용 교과서로 만들어졌다.

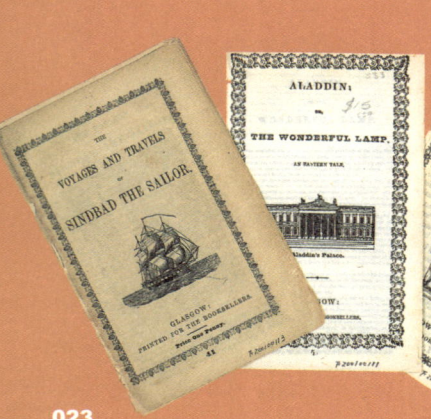  

023
촙 북 『알라딘』『알리바바』『신드바드』
19세기 초, 글래스고
촙 북이란 민중 취향의 염가본으로, 차프맨으로 불리는 행상인이 마을들을 돌아다니며 판매하였다. 글자만으로 되어 있는 것에서 조잡한 삽화가 들어간 것까지 있다.

024
『천일야 이야기-튀니지 사본에 의한 아라비아어 판』
M. 하비히트 편, 1824~1843년, 브레슬라우 개인 소장
브레슬라우 판으로 불리는 아라비아어 교정본. 튀니지의 사본을 번역했다고는 하나, 실은 완벽히 위조된 책으로 여러 가지 사본들을 조각조각 짜맞춰놓은 것이라고 한다.

025
가와디의 춤
E. W. 레인 저, 『현대 이집트 인의 풍속습관』 초판
1836년, 런던, 개인 소장
가와디는 이집트에 사는 이른바 집시를 가리키는 말.
그녀들의 춤이 오늘날 밸리 댄스의 기원이 되었다.

번역가들의 초상

에드워드 윌리엄 레인
(E. W. Lane)

에드워드 윌리엄 레인(1801~1876)은 성직자 가정에서 태어났다. 석판화가가 되고자 이집트로 건너가 그림의 소재를 찾아다니면서 자연히 당시의 이집트 사회에 대한 견문을 넓혔다. 영국으로 귀국한 후인 1836년에 출판된 『현대 이집트 인의 풍속습관』에는 당시 카이로의 서민상이 풍성한 도판과 함께 묘사되어 있다. 그 후 레인은 아라비안나이트의 번역에도 손을 뻗어 카이로 근교의 브라크에서 찍어낸 브라크 판을 번역한 레인 판 아라비안나이트를 1838~1841년에 걸쳐 간행했다. 레인 판 아라비안나이트는 완역이 아니며, 레인이 성적으로 지나치게 분방하다거나 재미없다고 판단되는 부분은 생략했다. 문체도 옛날식의 딱딱한 표현이 많았다고 한다. —————— T.N

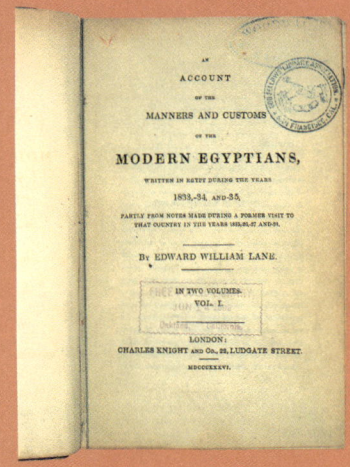

026
『현대 이집트 인의 풍속습관』 초판.
E. W. 레인 저, 1836년, 런던, 개인 소장
레인의 대표작. 당시의 카이로 서민문화를 기술한 고전적인 민족지다.
석판 화가이기도 했던 그가 직접 제작한 도판이 풍부하며
이집트의 민중문화를 알려주는 귀중한 자료이기도 하다.

028
레인이 그린 카이로(대영도서관 소장)
J. 톰슨 엮음, 『레인 저술 이집트지誌』, 2000년, 카이로
현재 카이로의 람세스 광장과 같은 지점에 있었던 언덕에서 본
19세기 중엽의 카이로 풍경. 레인은 그림 지도 중앙우측의 문에서
조금 들어간 골목에 거처를 마련했다.

027
『천일야 이야기 신역』
E. W. 레인 역, 1838~1839년, 런던
레인의 아라비안나이트 번역은 카이로에서 인쇄되었던
브라크 판을 텍스트로 하여, 처음에는 한 달에 한 권씩 윌
리엄 하웨이의 삽화가 들어간 책으로 출판되었다.

029
『버턴 부인 판 아라비안나이트』
아사벨 버턴 엮음,
1886~1887년, 런던
독실한 카톨릭 신자였던 이사벨은 버턴의 사망 후 난잡한 몇몇 군데를 제외하고 번역본을 출판했다. 남편의 원고와 사적인 편지들도 처분해버렸다고 전해진다.

번역가들의 초상

리처드 프란시스 버턴
(R. F. Burton)

리처드 프란시스 버턴(1821~1890)은 탐험가로서 명성을 얻었다. 무슬림으로 위장하여 이교도는 들어갈 수 없는 이슬람 성지 메카에 들어갔던 일도 있으며, 이 시기 여행기 외에도 수많은 저작을 남겼다.
외교관으로서 다마스쿠스와 토리에스테에 부임했던 경험도 있다. 버턴 판 아라비안나이트는 예약출판의 형태를 취하였으며, 1885년에 전편 10권이 출판되었다. 버턴은 캘커타 제2편을 텍스트로 하였으며 당시 잘 알려진 다른 책들도 번역하였다.
다만 전체적으로 호색한 장면을 강조하는 경향이 있어 원전에 충실한 번역이라고 말하기 어려운 부분도 있다.
일본에서는 다이쇼 시대(1912~1926)에 버턴 판 번역이 첫선을 보였으며, 일본어로는 오바 마사시의 완역이 잘 알려져 있다. ──── T.N

030
『천야일야의 서』 및 『동보견同補遣』
R. F. 버턴 역, 1885~1888년, 베나레스
버턴의 번역서는 예약출판의 형태를 취했다. 베나레스의 카마수트라 교회에서 출판한 것으로 되어 있으나 사실은 영국에서 인쇄되었다. 캘커타 제2판을 텍스트로 했다.

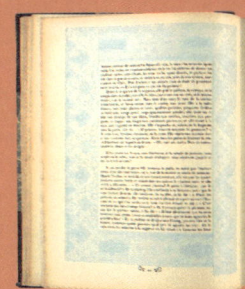

031
『천야 천일의 서』
J. C. 마르듀스 역, 1908~1912년, 파리
E. 화스케르에 의해 출판되었기 때문에 화스케르 판이라고도 불린다. 마르듀스 번역서의 책표지는 호화로운 것들이 많다. 삽화는 인도와 페르시아의 세밀화.

번역가들의 초상

죠셉 샤를르 빅토르 마르드류스
(J. C. Mardrus)

죠셉 샤를르 빅토르 마르드류스(1867~1949)는 기구한 운명에 이르는 그루지아 인 출신으로 카이로에서 태어났으며, 베이루트의 그리스도교(지금의 성 요셉 대학)에서 교육을 받은 뒤 파리에서 의학박사 학위를 받았다.
상징파 시인 말라루메의 지지를 얻어 그의 살롱에서 많은 작가, 예술가들과 교류하였으며, 의사로서 선박에 동승하여 5년간 항해하면서 아라비안나이트 브라크 판을 프랑스어로 번역했다.
말라루메에게 헌정했던 전 16권의 마르드류스 판 아라비안나이트(1899~1904)는 원전 텍스트의 내용과 다르다는 비판도 있으나 상징파의 영향을 받은 문학적 향기로 가득한 번역으로 한 세기를 풍미했다. 일본어 번역으로는 도요시마 요시오와 와타나베 카즈오의 완역이 있다. ──── J.O

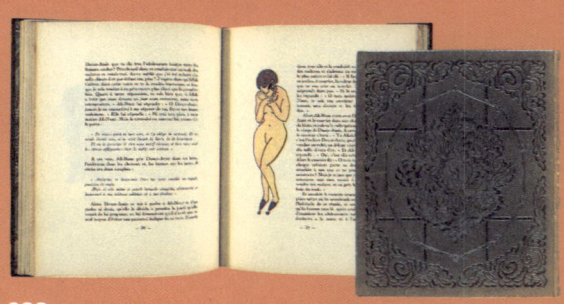

032
『사랑을 잃은 사람의 이야기, 천일야 중 한 가지 이야기』
J. C. 마르듀스 역, 1922년, 파리
500부 한정 인쇄의 호화 장정본. 제445번.
샤를르 피칼 르 듀(1881~1959)에 의한 포쇼와르 판화의 삽화를 넣은 르네 키파의 꽃 무늬 모로코 피혁 장정.

J. C. 마르드뤼스 역 『천일 야화의 시』(1926~32년 파리)에서
「카마르 알자만과 보두르 공주의 이야기」, 레옹 칼 그림

세계의 판타지로

갈랑 판 『천일야』의 출판이 계기가 되어 유럽에서는 아라비안나이트 붐이 일어났다. 동방풍의 이야기가 연이어 저술되고 '완전한' 사본을 구하고자 한 나머지 위서가 날조되는 일도 일어났다. 갈랑 판은 중상류 계급의 서재 한켠을 차지했을 뿐 아니라, 조잡한 민중본의 형태로 널리 프랑스 민중에게도 읽혔다.

갈랑 판의 마지막 권은 1717년에 출판되었으나 전권의 완결에 앞서 단축판과 영역판이 먼저 등장했다. 영역된 『천일야』는 속칭 '춉 북(chop book)'이라 불리는 민중 취향의 염가본으로 널리 보급되어 영국 서민층에 파고들었다.

영국에서는 갈랑 판 제1권 출판 직후인 1706년에 『아라비안나이트 엔터테인먼트(The Arabian Nights' Entertainment)』라는 제목으로 갈랑 판의 번역이 출판되었다.

오늘날의 『아라비안나이트』라는 명칭은 이 책에서 유래하였다. 그 후 아동을 대상으로 한 조악한 출판물도 여럿 출판되었으나, 1811년에는 조나단 스코트가 '성실한' 영역본을 저술하였다. 이후 아동용 각색본의 기초가 된 것이 이 스코트 판이다. 메이지 초기 처음으로 일본에 번역 소개되었던 아라비안나이트도 스코트 판을 바탕으로 삼았다.

아동문학으로서 확고한 위치를 확립했던 아라비안나이트는 입체 그림책과 요지경의 소재가 되기도 했다. 또한 『알라딘』은 마임극에 도입되어 큰 인기를 얻었으며, 1788년에는 런던의 코벤트 가든 극장의 무대에도 올랐다. 이렇게 아라비안나이트는 유럽 민중이 공유하는 지식이 되고 있었다.

무한한 상상과 찬란한 환상이 어우러진 아라비안나이트의 세계는 유럽과 미국의 많은 작가들에게 지대한 영향을 끼쳤다. 갈랑 판이 출판되었을 즈음에는 이미 동방을 소재로 한 동방풍 소설이 크게 유행하고 있었다.

이러한 동방풍 소설은 백포드의 『바티크』, 포트스키의 『사라고사 원고』를 필두로 하는 환상문학의 걸작으로 이어졌다. 워즈워드와 콜리지 등의 시인도 아라비안나이트로부터 시적인 영감을 얻었다.

그 후 공상과학소설과 판타지 소설 분야가 새롭게 등장하는데, 아라비안나이트가 전해준 공상의 세계는 이 새로운 장르에도 커다란 영향을 미쳤다. 세계적으로 선풍적인 인기를 얻고 있는 『해리 포터』시리즈를 보더라도 그 밑바탕에는 『천일야』가 유럽 사회에 몰고온 충격에 대한 영향이 있음을 알 수 있다.

대영제국이 전성기를 맞았던 빅토리아 왕조기에는 아랍 세계의 식민지화라는 정치적 목적이 명확하여, 이에 부응하는 형태로 아라비안나이트 번역이 이루어졌다. 그 중에서도 버턴의 완역판 출판은 아라비안나이트 열기의 대미를 장식하는 중요한 의미를 지녔다. 버턴의 번역 작업으로 동방세계에 대한 이미지가 확립되고, 호색적이며 기상천외한 판타지로서의 아라비안나이트 상이 정립되었기 때문이다. —— T.N

033
『알라딘 과 요술 램프』의 입체 그림책
1890년경, 파리
알라딘이 동굴에 들어가는 장면에서 줄을 당기면 입체가 된다.
입체 그림책은 19세기 서유럽에서 크게 유행하였으며,
인쇄기술의 발전과 함께 신선한 재미를 더한 책이 출판되었다.

아동문학에서 세계문학으로

유럽의 여러 국가들 가운데 가장 먼저 산업혁명을 경험한 영국에서는 급속하게 성장해온 중산서민층이 새로운 가치관에 뿌리를 둔 자녀교육에 힘을 기울이면서 아동문학 장르가 발전하였다. 판타지 성격이 강한 아라비안나이트는 아동문학으로서 적합한 소재를 제공하여, 성적으로 문제가 되는 몇몇 군데를 제외한 형태로 셀 수 없을 만큼 많은 아동용 도서가 출판되었다.

갈랑 판 영역에 자극을 받아 아동문학 장르도 발전하였으며, 세계 문학사상에 길이 남을 판타지 명작이 탄생하였다. ── T.N

034
『아라비안나이트』
조나단 스코트 역, 1811년, 런던
아라비아어 원전을 새롭게 번역한 것이라고는 하나, 실은 갈랑 판을 증보 번역한 책이다.
종래의 번역에 비해 문학적이었기 때문에 아동용 보급판의 원전으로 널리 이용되었다.

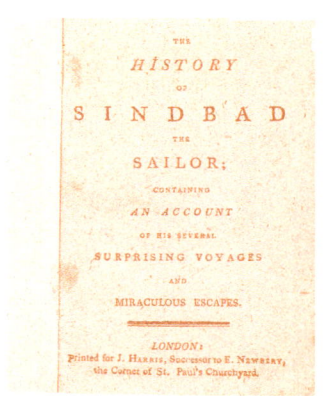 

035
『선원 신드바드 이야기』
1803년, 런던
런던의 서적상商으로 영국에서 처음으로 아동용 도서를 출판한 존 뉴베리의 후계자의 삽화가 수록된 아동서의 제2판. 초판은 1794년에 출판되었다.

036
『알라딘과 이상한 램프』
1870년경, 런던, 덴 앤드 산 사社 개인 소장
18세기 후반부터 런던에서 아동서를 출판했던 덴 회사의 책.
입체 그림책을 본격적으로 제작했던 출판사로 지금까지도 출판을 계속하고 있다.

037
『달지엘 형제의 삽화가 들어간 아라비안나이트』
H. W. 덜켄 개정·증보, 1870년경, 런던
달지엘 형제가 인쇄한 아동용 삽화본. 이것은 1864년부터 1865년까지 매월 출판되었으며, 당시의 저명한 화가가 그림을 그렸다.
천일야의 마지막 장면이 처음으로 삽화로 그려졌다.

038
『알라딘과 요술 램프』
1979년, 런던, 차트 앤드 윈도우스 사
파노라마풍의 입체극장이 되어 이야기의 장면들을 보여주는 어린이용 입체 그림책.
부분 부분을 짜맞춘 정교한 구조로 높은 인쇄·제본 기술이 요구된다.

040
「아라비안나이트」
앤드류 랑 각색, 포드 그림, 1898년, 런던
아동문학가로 유명한 앤드류 랑이
현대용어로 재현한 아라비안나이트 동화집.
증정본으로 출판되었다.
가와바타 야스나리와 노가미 아키라가
일본어로 번역하기도 했다.

039
「아라비안나이트 동화집」
딕슨 엮음, 바튼 그림, 1893년, 런던
아동용 증정본의 일종. 이 시기부터 한정 부수를 인쇄하는
호화 장정본이나 삽화가의 서명이 들어 있는 책 등을 동시에
출판하였다.

041
「아라비안나이트」
데트몰드 그림, 1924년, 런던
크리스마스를 전후로 출판되었던 호화로운
기프트 북(gift book)의 일종.
표지 장정에도 공을 들여 저명한 삽화가를
채용하는 것이 통례가 되었다.
데트몰드는 유명한 동물화가로서 삽화는
신드바드 이야기에 등장하는 로크라는 새를 그리고 있다.
로크 새를 비롯하여 아라비안나이트에 등장하는
상상의 동물들은 삽화가들의 영감을 크게 자극했다.

아메리카에서의 발견

토리폴리 전쟁을 경험한 미국은 중동 이슬람 세계에 대해 유럽과는 다른 시선을 갖게 되었다. 아라비안나이트는 유럽을 경유하여 독립 직후의 미국에도 전해져 18세기 말에는 최초로 인쇄본이 등장하였다. 당시, 대부분의 출판물이 영국의 해적판이었으나, 그 가운데에서 도덕적인 내용을 강조한 것이 호응을 얻어 출판되었다. '동양의 도덕가'라고 명명되었던 초기의 아라비안나이트 전집은 링컨의 애독서였으며, 그의 연설에도 인용되었다.

또한 유럽에서는 아라비안나이트에 자극을 받아 수많은 동방풍의 소설이 씌어졌으나, 미국에서는 자유 국가 아메리카라는 아이덴티티의 확립이 주류를 이루었다. ──────────── T.N

042
『알리바바와 40인의 도적』
1856년, 뉴욕
지금도 출판 활동을 하고 있는 맥로우 그린 사社의 출판물.
유행에 관계없는 기본형 출판물로 여러 번 재판되었다.
표지 그림은 알리바바가 "열려라, 참깨"를 외치고 있는 장면.

043
『나무꾼 알리바바가 40인의 도적을 해치우고,
도적들의 수호신인 숲의 악당 오코브랜드를 물리치는 유쾌하고 흥미진진한 이야기』
1824년경, 필라델피아
미국에서 인쇄된 삽화가 들어 있는 가장 초기의 책. 원래의 이야기에는 등장하지 않는 수호신이 활약하는 등,
마지막에는 권선징악적인 윤리관을 주제로 한 내용이다.

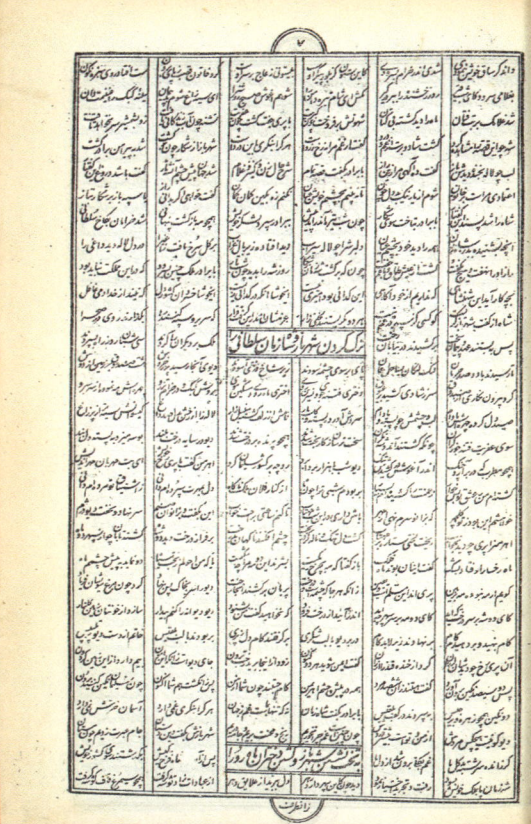

044
페르시아어 운문韻文 『천의 이야기』
에스파 하니 작시作詩, 1899~1900년
마스나뷔 시 형식의 페르시아어 운문 아라비안나이트의 석판본.

045
우르두 어 번역본 『천야 이야기』
압둘 카림 역, 1882년, 칸푸르?
에드워드 포스터의 영역본을 옮긴 우르두어 번역본(초판 1847년)의
재판으로 보인다.
레인 판에 첨부되었던 윌리엄 하뷔 그림의 삽화를 모방하고 있다.

중동 세계에서의 재발견

구어를 많이 사용한 비속한 아라비아어로 씌어 있어 아랍 지식인에게는 저속한 것으로 인식되었으나, 갈랑 판의 인기에 촉발되어 19세기에는 '캘커타 제1판'을 필두로 아라비아어로 된 『천일야』의 인쇄본이 카이로, 베이루트, 캘커타(제2판) 등에서 출판되었다. 아라비아어 외의 중동 언어 번역본의 출판도 이 시기에 왕성하게 이루어졌다. 이란에서는 압둘 라디후 타스지에 의한 페르시아어 역이 1843년에 완성된다. 이 번역은 카자르 왕조의 황태자 나세로딘 샤가 읽었으며, 그의 즉위 후에는 6권의 호화 사본이 제작되었다(1852년 완성). 값싼 석판본도 대중에 유포되었다.

우르두어를 필두로 하는 인도의 여러 언어 번역과 오스만투르크어, 자바어 등의 번역도 알려졌다.

난잡한 내용과 반 이슬람적인 기술이라 하여, 혹은 유럽인이 색안경을 끼고 중동 이슬람 세계를 본다고 하여 중동에서는 금서로 정한 나라도 있었으나, 오늘날에는 아동용 도서로도 많은 책이 출판되고 있으며 아라비안나이트를 아랍의 문화유산으로 재평가하고자 하는 움직임도 있다.

——— Y.Y

칼럼

신드바드들의 지리적 세계관

다케다 신
竹田新

바다의 신드바드들이 활약하던 시대, 이슬람교도(무슬림)들은 세계(대지와 거주세계)를 어떻게 생각하고 있었을까?

꾸란과 민간전승의 지리적 세계

꾸란에 따르면, 대지는 깔개 혹은 침상처럼 펼쳐져 있으며 대지가 사람과 함께 끊임없이 변화하지 않고 부동의 산들이 기둥으로서 자리해 있다. 또한, 두 개의 바다(혹은 바다와 큰 강)가 있어, 한편으로는 맛있고 달콤하며 다른 한편으로는 짜고 쓰디쓴 양자 사이에는 장벽이 가로놓여 있다. 이러한 꾸란의 지리관에 대해 하디스(경전 전승)와 민간전승은 보다 구체적인 대지의 모습을 제공한다. 먼저, 인류와 진(마법의 요정)이 사는 땅은 걸어서 500년이 걸리는 넓은 대지로, 그 중 200년이 바다 속의 땅이고, 200년이 무인의 땅이며, 80년이 알렉산드로스 대왕(전설 속의 인물로 그리스·페르시아·인도에 이르는 대제국을 건설했다고 함)에 의해 대지의 끝으로 갇혀버린 곡(Gog)과 마곡(Magog)의 땅, 그리고 남은 20년이 인류가 사는 땅이 되었다고 한다. 이 대지는 평평한 원반형 모양으로 되어있고 '주해 周海'라고 불리는 대양에 둘러싸여 있으며, 또 이 대지와 대양은 전체가 카후(Karf)라고 불리는 산으로 둘러싸여 있다고 보았다. 그리고 카후 혹은 카후를 받치고 있는 암석은 푸른 옥으로 만들어져 있어서 그 푸른색이 반사되어 하늘이 파랗게 보이는 것이라거나 마법의 요정 진이 사는 카후는 모든 산들의 어머니로서 이 산들은 지하의 지맥支脈에 의해 카후와 연결되어 있다거나 하는 식의 생각을 가지고 있었다. 그 밖에도 대지는 천사, 암석, 숫소, 거대한 물고기의 순으로 실려왔다는 설도 있었다.

또한, 지역적 세계는 새에 견주어 머리 부분이 중국, 오른쪽 날개가 인도, 왼쪽 날개가 하자르, 가슴 부분이 메카를 중심으로 이라크에서 이집트까지, 꼬리 부분이 마그리브(북서 아프리카)에 해당되었다.

지리서와 지도로 보는 세계

아라비안나이트에는 동쪽인 중국에서 서쪽인 안달루스(이베리아 반도), 그리고 서북쪽인 아프리카에 이르는 지역 모두가 이야기의 무대로 등장한다. 당시, 신드바드로 대표되는 이슬람 상인은 인도양을 비롯한 머나먼 이국과 교역하고 있었다. 더욱이 프톨레마이오스가 편찬한 지리서 등에 대한 아라비아어 번역 활동도 한 몫을 하여 이슬람 세계는 아프로유라시아(아프리카, 유럽, 러시아, 아시아에 이르는 초대륙을 가리키는 말)의 폭넓은 지리적 정보를 획득할 수 있었다.

그 결과, 9세기의 아라비아어 지리서에 이미 동쪽으로는 신라(한반도), 서쪽으로는 '영원의 섬들'(카나리아 제도), 북쪽으로는 투리(셰틀랜드 제도, 지금의 노르웨이), 그리고 남쪽으로는 잔지바르(모잠비크의 베이라 남쪽)까지 언급되어 있음을 볼 수 있다.

또한, 9세기의 지리서에는 "대지는 공 모양과 같으며, 달걀 속 노른자와 같이 천공의 내부에 위치한다. 적도 이남은 24도까지가 거주지며, 남은 부분은 바다로 뒤덮여 있다. 우리는 대지의 북쪽 4분의 1에 살며, 남쪽 4분의 1은 황폐해 있다. 우리들 밑의 2분의 1 땅에는 아무도 살지 않는다"는 기술이 남아 있다. 이 지리서 이후에도, 우리가 사는 반구는 동서남북의 각 끝 지점에서 같은 거리만큼 연결되는 위치에 '대지의 둥근 지붕'이라는 세계의 정상頂上이 있다는 설이나 지동설까지 등장하지만, 무슬림 학자들은 지구가 우주의 중심에 자리하고 있다는 생각에

인도양을 건너는 무슬림들의 교역선

이븐 하우카르의 지리서(10세기)에 그려진 세계지도(남쪽이 위. '주해'에서 두 개의 대해가 들어오고 있다)

이드리시의 지리서(12세기)에 근거한 7개의 기후대가 들어 있는 세계지도(15세기. '주해'의 바깥쪽으로 카후의 산들이 들어서 있다)

서 벗어나지는 못했다.

그리고 많은 학자들은 아프로유라시아의 북반구에 있는 인류의 거주 가능 지역을 남에서 북으로, 동서로 긋는 가상의 7개 선에 따라 각 이크림(위도권을 말하며 일종의 기후대)으로 나누고 꾸란에 나오는 2개의 바다를 인도양(페르시아 만과 홍해 포함)과 지중해로, 그리고 이들을 가르는 장벽을 수에즈 지협으로 보는 경향이 강했다.

이상의 기술은, 무슬림들의 세계지도에 여실히 나타나고 있다. 예를 들어, 10세기의 지도에서는 대지가 메카를 중심으로 하여 원형으로 그려지고, 그 바깥쪽으로 '주해'가 둘러싸여 있으며, '주해'로부터 인도양과 지중해가 대지로 만입한다. 후대의 지도 역시 같은 모양의 구도이지만, 섬과 산의 형태가 상당히 구체화되어 7개의 기후대가 명기되어 있는가 하면 '주해' 바깥쪽으로 카후 산맥이 그려져 있기도 하다. 그 밖에도 경위도를 이용한 보다 '과학적'인 지도도 만들어졌다.

신드바드의 지리적 세계

마지막으로, 「신드바드 항해기」에 등장하는 많은 경이로운 사물들—제1항해(섬처럼 큰 물고기, 해마, 북소리 나는 섬, 진기한 물고기), 제2항해(다이아몬드 계곡, 용뇌나무, 코뿔소와 그 뿔), 제3항해(작은 털복숭이 인간), 제4항해(식인종), 제5항해(침향), 제6항해(용연향의 샘 등)—은 9세기 이후 여러 종류의 이슬람 지리서에도 기술되어 있다. 그것을 대조해 보면 '바다의 신드바드 이야기'의 주무대가 남아시아와 동아시아, 그 중에서도 인도에서 수마트라에 이르고 있음을 알 수 있다.

무슬림들은 세계를 기본적으로 '이슬람의 땅'과 '전쟁의 땅'으로 나누어 구분하고 있었으며, 후자인 비非이슬람권은 그들에게 '경이로운' 미지의 지역이었다. 북쪽의 고쿠와 마고쿠의 땅과 동쪽과 남쪽의 와크와크 땅(남쪽의 와크와크는 여성의 머리와 닮은 열매를 맺고 그 열매가 익으면 '와크와크!' 하며 외친다는 나무가 살고 있다는 전설이 유명) 등은 그들의 호기심을 특히 자극했던 듯하다.

그리고 이러한 세계관—지리적 지식과 정보—은 아라비안나이트의 밑바탕이 되어, 「신드바드 항해기」를 비롯한 「나무꾼 하시브와 구렁이 여왕」에 나오는 '브르키야 이야기'와 '바소라의 하산 이야기' 등에 반영되었다.

인두과 나무가 자라는 와크와크

이븐 알 화키후의 지리서(10세기)에 근거한 세계 조형설鳥形說 일러스트(20세기, 레바논의 청소년용 부독본에서)

칼럼

밤 이야기와 여러 가지 장치들

야마나카 유리코
山中由里子

아라비안나이트에는 마법의 힘이 아닌 교묘한 속임수로 울거나 움직이거나 하는 동물과 인간의 모습이 등장하여 사람을 놀라게도 하고 즐겁게도 하며 도와주거나 때로는 죽이기도 한다. 예컨대, 「놋쇠의 성」이야기의 절정에서는 황동의 도성 안에 잠들어 있는 여왕의 미라가 몸에 지닌 보석을 탐험가 중 한 사람이 가지고 도망가려 하자, 여왕의 침대 양옆에 직립부동으로 있던 두 명의 노예상이 움직이기 시작한다. 한쪽에서는 철 몽둥이로 그를 내리쳐 쓰러트리고, 다른 한쪽에서는 검을 휘둘러 탐욕자의 머리를 싹둑 베어 떨어뜨려버린다.

또한 「흑단마가 맺어준 사랑」에서는 기계 장치로 움직이는 말이 중심적인 역할을 하고 있다. 어느 날 페르시아 왕 앞에 세 사람의 현자가 나름대로 발명한 진기한 물건을 가지고 찾아온다. 그 중에서도 세 번째 현자가 발명한 흑단마는 흑단과 상아로 만들어진 수려한 자태에다 안장과 고삐에 훌륭한 세공이 입혀진 굉장한 볼거리였다.

게다가 "인간이 한번 올라타기만 하면 어느새 그곳을 떠나 자신이 원하는 곳으로 갈 수 있다"는 것이다. 곁에 있던 왕자는 조종하는 방법을 듣지도 않고 갑자기 말에 올라 상승 레버를 돌린다. 그러자 왕자를 태운 채 말은 눈 깜짝할 사이에 구름 속으로 사라져버린다. 사람들은 마법의 말이라고 했지만 사실 그것은 과학적 지식을 통해 인간이 만들어낸 제트 추진식 비행장치였다. 그 후 왕자는 조종방법을 알게 되고 하늘을 나는 말 덕분에 만난 아름다운 여인과 결혼하여 행복하게 되지만, 말은 결국 부왕에 의해 해체되고 만다. 왕자가 얻은 마음의 성숙이 뛰어난 기계보다 훨씬 가치가 있다는 교훈을 이 이야기는 전해주고 있다.

아라비안나이트의 공상세계에 이러한 기계장치가 그려진 배경에는 중세 이슬람 세계가 고대 그리스에서 이어받아 더욱 발전시킨 과학적 지식이 있다. 그러한 높은 공학적 기술 수준을 전하는 서적으로 바누 무사 삼형제(9세기)의 『기계장치 세공에 관한 책』과 알자자리의 『교묘한 기계장치의 지식에 관한 책』(1204년 또는 1206년) 등이 있다.

이 책들에는 실용적인 기계뿐 아니라 궁정의 즐거움을 위해 만들어졌던 여러 가지 태엽 인형들이 설계되어 있다. 펌프, 도르래, 톱니바퀴 등을 실로 정교하게 조합하여 사람이나 동물을 움직이게 만든 물시계나, 주연酒宴에서 자동으로 술을 따르는 기계 등이 실제로 고안되었다. 그 기술지식은 근대 유럽으로 전해져 17세기의 과학혁명 이후에는 유럽의 기술자들이 움직이는 인형을 만들기 시작했다. 그리고 19세기에는 시판용 움직이는 인형을 만드는 시계 기술공들의 공방이 등장하기에 이른다. 당시는 아라비안나이트가 유럽에서 절대적인 인기를 구가했던 시대이자 동양취미의 전성기이기도 했다. 프랑스, 스위스의 공방에서 만들어진 태엽 인형 중에는 지극히 '오리엔탈'인 분위기를 자아내는 인형이 적지 않다. 인형은 어떤 의미에서 이국민의 '움직이는 표본'이기도 했다.

046
움직이는 인형
「매혹적으로 뱀을 다루는 여인」
에르네스트 두칸 제작, 1890년, 프랑스, 노사카 오토마타 미술관 소장
고대 메소포타미아풍의 머리 장식을 하고 요염한 자태를 뽐내는 미녀. 여자의 팔에 감겨 있는 가늘고 긴 독사는 물결치듯 구불구불 몸을 감싼다. 여자는 긴 눈썹을 깜박이며 사랑에 목이 마른 듯 코앞에서 고개를 쳐들고 있는 뱀의 얼굴을 응시하고 있다. 얇은 비단에 감싸인 가슴은 천천히 출렁인다.

아라비안나이트는 중동 세계에 관한 주된 이미지의 원천이 되고 있으나, 그러한 이미지와 실제 중동 이슬람 세계의 차이를 의식하는 이는 그다지 많지 않다. 사막에서 생활하는 유목민, 베일에 가려진 여성의 모습, 에로틱한 밸리댄스, 나른한 중동의 멜로디, 문양을 떠올리게 하는 아라비아 문자. 모두가 현대의 우리에게는 그저 낯설기만한 문화이지만, 이들은 모두 중동 이슬람 세계에 대한 전형적인 이미지를 전하고 있다. 여기에서는 중동 문화가 성립하게 된 역사적·사회적 배경과 현대적 변용, 지역적 변용에 대해 소개한다.

제2부 아라비안나이트가 엿보는 중동 세계

알리바바의 세계
─유목민과 낙타 문화

알리바바 이야기의 무대는 페르시아 마을. 한 발짝 마을 밖으로 나가면 그곳에는 잔혹한 도적이 지배하는 아주 거친 황야가 펼쳐져 있다. 마을의 가난한 상인 알리바바는 우연히 도적이 보물을 숨겨둔 동굴을 발견한다. 알리바바는 동굴의 문은 물론 어떠한 문이든 열 수 있는 신비로운 주문을 알게 되어 동굴에서 보물을 꺼내오는 데 성공한다. 도적의 보물을 손에 넣은 알리바바를 시기한 카심은 탐욕스러운 자가 맞이하는 운명에 따라 도적에게 잔인한 죽임을 당하고 만다. 집념이 강한 도둑들은 자신들의 보물을 훔친 괘씸한 녀석을 집요하게 찾아다니다가 마침내 알리바바가 그 범인이라는 사실을 알아낸다. 도적의 두목은 몇 번이고 알리바바에게 복수하려하지만, 그 때마다 번번히 알리바바의 총명한 하녀 몰자냐의 방해를 받아, 결국에는 목숨까지도 빼앗긴다.

알리바바의 이야기에서는 도적이 황야를 상징하는 존재로 그려진다. 그들은 도시에 형성된 부富를 좇아 황야를 달려와 그것들을 다시 도시

배경 사진
베도윈족의 텐트 내부 재현
현대, 요르단

에서 황야로 되돌리는 역할을 한다. 황야를 달리는 도적의 이미지는 물론 사막에서 살아가는 유목민과 오버랩되는 부분이 많다. 동시에 도적들이 금세 기름 장수로 둔갑하는 모습은 도적과 상인 사이의 미묘한 관계를 암시하고 있다 하겠다. 도적에서 상인으로 모습을 바꿈으로써 아주 간단히 도시의 생활 속으로 파고들어 갈 수 있는 것이다. 즉, 황야를 자신의 영역으로 하는 자는 상인으로서의 얼굴도 쓸 수 있는 것이다. 실제로, 유목은 도시 주민이나 농민과의 상호관계 속에서 성립하는 생업 활동이다.

도시 생활과 황야의 생활은 느낌부터가 다르다. 상인과 직인이 모여 시장(bazaar)의 떠들썩함을 만들어내고 순식간에 시간이 흘러가 버리는 도시에 비해 황야의 생활은 적막하고 시간이 천천히 지나가는 정적인 이미지가 강하다. 그러나 도시와 황야는 결코 동떨어진 존재가 아니다. 그것은 '이슬람은 사막의 종교'라는 말과 '이슬람은 도시 생활에 입각한 시스템'이라는 표현이 동시에 성립한다는 점에서도 알 수 있다. 도시와 도시 사이에는 반드시 황야가 존재하며, 그곳에서 생활하는 유목민과 그곳을 지나는 상인이 도시를 오가고 있었음은 자명한 사실이다. 도시를 왕래하는 사람들을 품음으로써 도시는 보다 활기를 띤다. 그리고 황야에서 도시로, 도시에서 황야로 생활의 위치를 바꾸는 일은 그 땅에 사는 사람들에게 그리 어려운 일은 아니었을 것이다. —— A·N

낙타와 가축 문화

서아시아에서는 혹독한 자연에 맞서는 생업 전략으로 유목이 행해져 왔다. 그것은 동물이 이용할 수 있는 자원이 일정하게 공급되지 못하는 황야라는 자연환경에서 오랫동안 한 곳에 머무르는 것이 환경 적응에 그다지 유리하지 않기 때문이다. 가축은 역할면에서 젖·고기·가죽 등의 인간 생활에 유용한 물질을 생산하는 용축과 농경이나 교통·운수 등에 이용되는 역축으로 나뉜다. 양이나 염소는 대표적인 용축으로 서아시아의 유목 생활에 없어서는 안 될 동물이다. 낙타는 교통이나 운수에 이용되는 대표적인 역축으로 생각하기 쉬우나 그 젖이나 고기는 식용으로서의 가치가 높다. 또한 낙타는 화려하고 아름다운 장식을 달아놓음으로써 유목민의 권세를 과시하는 상징적인 동물이기도 하다. ——— A·N

시나이 반도 남부,
성 가톨리느 수도원 근처에서 손님을 기다리는 관광용 낙타

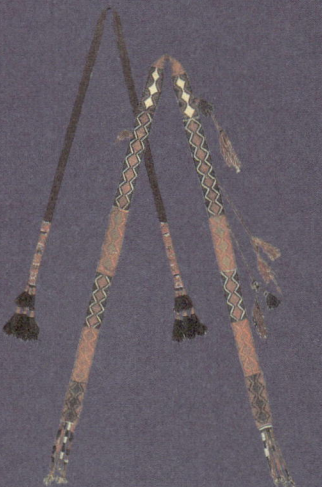

047
낙타용 장식
현대, 요르단
안장을 고정하는 복대 외에 장식을 위한
모직 장식 띠를 두르는 경우도 있다

048
양 옆으로 갈라진 낙타용 자루
현대, 이집트
장식을 겸한 모직 자루.
안장 위쪽을 좌우로 걸쳐 사용한다

049
장식 주머니
현대, 요르단
물건을 넣기 위한 주머니에도 장식이 달려
낙타를 치장하는 도구가 된다

050
낙타용 장식
현대, 요르단

051
낙타용 장식
현대, 요르단
어깨가 넓고 당당해 보이는 장식이 목이나 몸통의 앞쪽에 달린다.

052
낙타용 안장(대추야자 제품)
현대, 요르단
혹 중앙에 단단히 고정할 수 있는 기능적인 낙타용 안장. 앞뒤의 돌기로 균형을 잡을 수 있게 되어 있다.

053
낙타용 고삐
현대, 요르단
낙타용 고삐는 낙타의 코와 입을 둘러싸듯이 감싸서 착용한다. 낙타의 움직임을 조절하는 도구에도 장식이 달린다.

칼럼

아라비안나이트 동물지

노바야시 아츠시
野林厚志

아라비안나이트 이야기에는 개성이 풍부한 등장인물들과 함께 다양한 동물들이 등장한다. 동물들은 인간 옆에서 조연 역할을 할 뿐 아니라, 혼자서 말하기도 하고 행동하기도 하는 등 주연으로 등장하는 장면도 있다.

조연으로 등장하는 경우, 동물들은 등장인물의 심리상태를 암시하곤 한다. 알리바바가 도적의 동굴로 향할 때 처음 데리고 가는 동물은 세 마리의 당나귀다. 당나귀는 참을성 많고 부지런히 일하는 역축으로 쓸모있게 이용되어 왔다. 열심히 일하여 세 마리의 당나귀를 얻었다는 것은 알리바바의 근면함을 말해주는 것이라 하겠다. 한편, 알리바바의 형 카심은 당나귀 대신 노새 열 마리를 이끌고 도적의 동굴로 향했다. 노새는 수컷 당나귀와 암컷 말 사이에서 태어난 잡종으로 부모보다 건강하고 참을성도 많다. 병에 대한 저항력도 있고 당나귀보다 물건을 실어 나르는 능력도 뛰어나다. 가능한 많은 보물을 싣고 돌아가고자 하는 욕심 많은 카심의 마음이 노새를 등장시켰다 하겠다.

146~152일째 밤 이야기에는 이솝 이야기를 떠올리게 하는 동물 우화가 몇 개 포함되어 있다. 독수리를 흉내 내어 양을 잡으려 했던 참새가 양털에 엉겨 오히려 양치기 목동에게 잡히는 이야기는 까마귀가 참새로 바뀌었을 뿐, 거의 이솝 우화에 나오는 이야기와 비슷하다. 몇 번 속고 속이는 가운데 여우가 항상 자신을 골탕 먹이던 늑대를 결국 땅 속에 묻어버린다고 하는 「늑대와 여우」(149일째 밤) 이야기는 일본의 「딱딱산 이야기」와 통하는 부분이 있다.

「짐승들과 목수」(146일째 밤) 이야기에서는 아랍 사회의 대표적인 가축인 당나귀, 말, 낙타가 인간들이 자신들을 얼마나 혹독하게 다루는지 어린 사자에게 하소연하는 장면이 나온다. 당나귀는 안장을 얹고 고삐를 채우는 것에 불만을 토로하고, 말은 인간의 발에 걷어차이다가 더 이상 달릴 수 없게 되면 방앗간으로 팔려가는 신세를 한탄하며, 낙타는 무거운 짐을 싣고 먼 길을 오가는 일을 더 이상 참을 수 없어 도망쳐 나온 사정을 털어놓는다. 가축들의 곤궁함에 야수의 왕 사자는 혈기 왕성하게 아담의 아들(인간)에 대한 복수를 결심하지만, 교활한 늙은 목수에게 감쪽같이 속아 결국에는 불에 타 죽고 만다. 꾸란이나 하디스(무함마드의 언행 전승집)에는 동물이 신에 의해 창조되었음을 이해하고 신에 대한 감사의 마음으로 동물을 포함한 자연을 이용해야 한다고 씌어 있다. 즉 인간이 규율을 지키며 동물을 이용하는 일은 보증된 권리임과 동시에 책무이기도 하다는 말이다. 당나귀들의 불평도 인간의 입장에서 보면 성실한 동물과의 관계이며, 부도덕한 행위가 아니라는 것을 이 이야기는 말하고 있다.

아라비안나이트에 등장하는 동물의 이야기는 서아시아의 일반적인 가축에서 코끼리나 공작 같은 인도에서 유입된 동물까지 폭넓게 등장한다. 각지에 전해지는 다양한 동물의 기이한 이야기에 살이 덧붙여져, 동물들은 아라비안나이트에서 많은 활약을 펼칠 수 있게 되었다.

『천야일야의 서』(위 & 왼쪽)
J.C. 마르드류스 역, 레옹 칼레 그림
1926~1932, 파리

시나이 반도 남부에서 생활하는 베드윈(아랍 유목민) 족의 텐트 안 식사 풍경.
텐트 내부에는 남성 겸용 객실 공간과 텐트의 주인과 여성용 공간이 있다.

사막의 생활 – 주住

이동을 원칙으로 하는 사막에서는 텐트 안에서의 생활이 중심이 된다. 텐트는 양이나 염소 털로 짠 천으로 만드는데, 흑염소 털로 짠 천을 가장 좋은 상품으로 친다. 텐트는 직육면체의 상자 모양에 넓이가 10×5미터, 가장 높은 부분의 높이가 2미터 정도 되는 것이 일반적인 크기다. 텐트 내부는 남성 공간과 여성 공간으로 나뉜다. 남성 공간은 객실 기능도 하고 있다. 남자 손님은 그곳에서 커피를 마시고 접대를 받는다. 여성 공간은 사적인 성격이 강하며, 가족 식사나 모임 장소가 된다. 주거지의 정착화가 진행되고 있는 오늘날 생활공간은 돌이나 콘크리트 블록으로 지어진 상자 모양의 주거 형태로 변모하고 있다. 한편, 정주定住 가옥에 살면서 집 앞에 옛날 그대로의 텐트를 짓고 이용하는 사람들도 많다. —— A.N

054
텐트
현대, 요르단
흑염소의 털로 짠 베드윈의 텐트는, 천정부와 벽면,
남성과 여성의 공간을 가르는 칸막이 등이 각각 한 장의 직물로 되어 있으며
그것들을 조합하여 텐트가 완성된다.
수십 킬로그램이나 되는 텐트를 운반하는 일도 만만찮다.

시나이 반도 남부 베드윈의 텐트.
아라비아어로는 하이마(헤마)라고 불리는데,
시나이 반도의 방언으로는 베트 샤알, 즉 '털집'으로 불린다.

칼럼
아라비안나이트의 말들

사토 요시코
佐藤美子

"혈통 좋은 종마의 빛나는 꼬리와도 같은 풍성한 머릿결로 장식한 얼굴"(973일째 밤). 아라비안나이트의 세계에서 시인은 아름다운 여성에게 이와 같은 노래를 바친다. "탐스럽고

풍성한 머릿결은 일곱 갈래로 땋아내려 등 위에서 흩어지고 복사뼈의 발치에 닿아 있습니다. 마치 땅을 위압하는 혈통 좋은 말의 꼬리와 같습니다"(526일째 밤). 이처럼 말에 빗대어 여성을 칭송하는 것은 통례다.

말에 관한 기술은 아라비안나이트가 가는 곳 어디에서나 볼 수 있다. 기마행군을 좋아하는 왕, 말과 이야기하는 왕, 페르시아 인 학자가 헌상한 흑단마, 말의 품종과 기원에 정통했던 계보학자 등, 헤아릴 수 없을 만큼 많이 언급되어 있다.

그런데 「선원 신드바드와 짐꾼 신드바드」의 일곱 번째 이야기에서 칼리파가 왕에게 보낸 선물 안에는 아랍 말 중 가장 좋은 혈통을 자랑하는 종마가 있었다. 아라비안나이트의 세계는 물론, 지금도 중동에서는 순수 혈통의 아랍 종마를 서로 주고받는 것을 상대방에게 경의를 표하는 최고의 표현으로 여긴다. 그 아름다운 몸은 보는 이를 황홀하게 하고, 날렵하게 말을 달리는 기분은 바람에 실려가는 듯하다.

그들이 좋아하는 아랍의 말은 책에 그려져 있듯이, "꼬리가 위로 치켜 올라가 완전한 활 모양을 하고 있으며" "(머리 부분은) 좁지 않고 널찍하며 상관上觀(이마)이 발달하였고" "얼굴은 아래로 내려가면서 급격히 좁아지는 형태로 턱은 거의 뾰족한 모양이 된다"(828일째 밤). 현대의 과학적인 조사로는 아랍 말은 지근遲筋(지구력을 관장하는 근육)이 발달하여 장거리에 강하고 헤모글로빈 양이 많아서 산소를 많이 운반하며 얇은 피부를 가지고 있어서 열을 잘 방출한다는 사실이 밝혀졌다.

일찍이 부족 간의 항쟁이 있을 때면 밤을 새우면서 적에게 기습 공격을 감행하여 적의 식량이나 물건을 약탈하는 것이 일상이었다. 그것은 준마가 있기에 가능한 일이었다. 말은 기수의 생사를 가르는 준엄한 열쇠이기도 했다. 그와 같은 역사로부터 사람들은 혈통을 없애고 체구와 기량의 모든 면에서 가장 뛰어난 말을 만들어내는 데 심혈을 기울여왔다.

중동 준마의 혈맥은 다른 품종에도 다량으로 도입되어 개량의 초석이 되었다. 도로와 차가 완비된 현대 중동의 생활에서 말은 더이상 필수불가결한 존재가 아니다. 왕실이 축적된 지식과 경제력으로 명마의 육성에 관여하는 것은 중동의 문화유산을 미래로 이어가는 책무를 이행하는 것이라고 할 수 있다. 말에 비유되는 정열과 전쟁에서의 역할은 꾸란이나 구약성서에도 선명하게 그려져 있으며 말과 사람의 관계를 아울러 이해하는 데 아주 좋은 소재가 되고 있다.

[왼쪽 위] 프린세스 아리아 구사廐舍의 아랍 말.
예로부터 이어져온 관습으로 액을 물리친다는 염주를 목에 걸고 있다.
요르단.

[왼쪽 아래] 오만 왕실 구사 직원의 기마 모습. 흰 바탕에 검정 털의 아랍 말.
각종 행사에서 기마 묘기를 선보이거나 경비 임무를 수행한다.

[위] 바다에서 수영을 시키기 위해 말을 이끌고 가는 모습.
보트에서 대기하고 있는 직원에게 줄을 던지고, 사람은 해변으로 다시 돌아간다.
수영은 말의 심장기능을 매우 좋게 하는 것으로 알려져 있다.

사막의 생활 – 의衣

의복은 남녀 모두 지역이나 부족에 따른 차이를 볼 수 있지만, 거기에는 일종의 공통된 조건이 있음을 알 수 있다. 그것은 직사광선과 황야에서 몰아치는 모래바람으로부터 몸을 보호한다는 것이다. 사막의 혹독한 자연은 이 지방 사람들에게 긴 소매와 옷자락으로 몸을 감싸게 하고, 머리와 얼굴을 모두 덮는 천과 베일을 몸에 걸치게 했다. 몸을 감싸는 또 하나의 목적은 성적인 유혹으로부터 서로를 지키기 위한 것이라고도 한다. 남성 여성 모두 살을 드러내지 않고 가능한 몸의 선이 드러나지 않는 차림을 함으로써, 사회 속에서 남성과 여성의 관계를 이성적으로 유지해 나갈 수 있도록 하는 장치가 그들의 의복에 숨어 있는 것이다. 그것은 이슬람교의 가르침이기도 하다. ── A. N

055
베드윈 족 남성용 의복
현대, 베어쉐바(이스라엘 남부)

남성은 일반적으로 목부터 옷단 끝까지 하나로 된 낙낙한 옷을 입는다. 머리에는 사방 1.5미터 정도의, 적색과 흰색 또는 검정과 흰색의 기하학적인 문양이 새겨진 천을 쓴다. 또 그위에는 이중으로 된 검은 띠고리를 씌워 천이 흘러내리는 것을 막는다. 외출할 때는 코트를 걸치기도 하는데, 이때는 금사로 테두리를 장식한 고급품도 볼 수 있다.

056
베드윈 족 여성용 의복
현대, 베어쉐바

남성에 비해 여성의 의복은 지역과 부족에 따라 그 차이가 크며, 일률적이지 않다. 기본적인 차림은 여성용 장의長衣 위에 남성과 마찬가지로 가벼운 천의 의복을 겹쳐 입거나 한다. 머리 부분은 1.2×2.4미터 정도의 장방형 천으로 머리를 감추도록 쓴다. 부족에 따라서는 베일로 얼굴을 가리는 경우도 있다. 또한, 외출할 때는 새까만 가운을 걸치는 경우도 많다.

057
커피포트와 커피 잔
현대, 요르단
전형적인 형태의 커피포트.
대추야자의 섬유를 부어 입구를 막고 필터로 쓴다.
잔은 한 모금 분량으로
중국제 도자기가 쓰이고 있다.

058
커피 가는 기계
현대, 이집트
놋쇠로 만든 커피밀

059
커피 넣는 그릇
현대, 이집트
커피 가루와 물을 넣고 펄펄 끓임으로써
커피를 넣을 수 있다.

060
커피 주머니와 커피 원두
현대, 요르단
처음에 구입하는 것은 커피 원두로,
원하는 세기로 볶은 후 가루로 만들어
커피를 넣는 것이 일반적이다.

061
조리용 냄비와 철제 삼발이, 기름 그릇
현대, 이집트
조리를 하거나 물을 끓이거나 하는 것은
텐트 밖의 옥외 화로에서 한다.
몇 개의 돌을 깔아놓은 화로나
철제 삼발이를 이용하여 조리한다.

사막의 생활 – 식食

사막에 사는 사람들은 굳이 말하자면 채식주의자. 식사는 기본적으로 하루에 세 번. 아침 식사의 메뉴는 넓적하게 구워낸 빵에 커피, 대추야자 열매, 양이나 염소 젖으로 만든 요쿠르트와 치즈다. 하루 중에서 주가 되는 점심 식사는 양젖으로 지은 밥에 토마토나 오크라, 가지, 닭고기 등을 익혀 얹어 먹기도 한다. 저녁식사는 점심에 먹고 남은 음식을 먹는 경우도 많지만, 손님이 있으면 접대 음식을 낸다. 식사에는 대추야자 잎을 엮어 만든 직경 1미터 정도의 둥근 깔개가 밥상이 된다.

식사는 중요한 커뮤니케이션 수단이다. 재미있는 것은, 이곳에서 식사는 접대의 마지막 코스라는 점이다. 처음 몇 시간은 홍차와 커피 그리고 대추야자를 먹으며 담소를 나누다가 마지막에 식사가 나오는데, 식사가 끝나면 지체 없이 집으로 돌아가는 것이 예의라고 한다. ── A.N

칼럼
일본에 뿌리내린 중동의 산물

니시오 테츠오
西尾哲夫

커피의 기원은 확실히 알 수는 없으나 에티오피아 혹은 예멘이었을 것으로 추정된다. 중동 세계에서는 수피(신비 사상가)들의 활동과 함께 확산되었다고 한다. 일반 민중들에게 보급되었던 것은 그리 오래 전의 일이 아닌 것으로 보인다. 커피가 널리 보급되자, 16세기 카이로에서는 세계 최초의 커피하우스가 탄생했다. 커피하우스에서는 아라비안나이트를 비롯한 이야기 공연이 활발하게 전개되었다. 또한 물담배를 태우면서 정보교환도 이루어졌다. 이와 같은 커피하우스 문화는 근세 유럽으로도 전해져 서서히 발흥하고 있었던 시민층 사이에 뿌리를 내리게 되었다.

근세의 중동 세계에서는 커피에 다양한 스파이스나 향료를 넣어 즐겼다고 한다. 오늘날에는 카르다몬이 일반적이지만, 당시의 부자들은 고가의 용연향龍涎香 향료도 넣었다고 한다. 『알라딘』에는 용연향을 넣은 커피가 나온다.

유목민의 텐트를 방문하면 커피(혹은 홍차)를 내온다. 때로는 커피와 함께 아주 달콤한 대추야자 열매가 나오는 경우도 있다. 이 대추야자는 최근에는 다이어트 식품으로 일본에서도 판매되고 있는데, 아랍세계에서는 유목민의 주식의 하나이자 사막을 이동할 때는 없어서는 안 될 중요한 식량이기도 했다. 열매를 먹는 것은 물론 이것을 '나비즈'라는 술로 담가 먹기도 한다. 나비즈는 알콜을 금하는 이슬람 사회에서도 어느 정도 용인되었던 술이다. 대추야자 열매는 일본식 빈대떡이라 할 수 있는 오코노미야키의 소스에 없어서는 안 될 재료이기도 하다. 일본의 모 대기업에서 품질이 뛰어난 이라크 산 대추야자를 쓰고 있었는데, 미국의 이라크 공격으로 수입에 차질이 생겨 곤란을 겪었다는 웃지 못할 이야기도 있다.

대추야자는 재배식물로서도 중요하여 식물 전체가 쓸모 있게 이용된다. 가혹한 환경을 견디는 강인한 생명력은 이집트 원정기에 팔레스티나를 향하던 나폴레옹의 군대가 지나던 길가에 떨어져 있던 씨가 싹이 나고 자라서 오늘날 가로수가 되어 있을 정도다.

중동 사막지대 하면 생물이 살 수 없는 곳으로 생각되지만, 세계적인 애완동물 골든햄스터의 원산지는 시리아의 반 사막지대다. 그곳에서 햄스터는 밭 가까이에 집을 짓고 낮에는 땅속에 있다가 밤중에 밖으로 나와 작물을 훔치기도 한다. 유감스럽게도 아라비아어로 된 골든햄스터의 자료는 거의 없으며, 현재 알려진 바로는 영국인 의사 러셀의 『아레포 박물지』(18세기 말)가 최초의 문헌상의 기록이라고 한다. 그러나, 예로부터 그 지방 사람들은 '밭의 땅 속에 사는 야행성 쥐(골든햄스터)'의 존재를 잘 알고 있었던 것 같다. 아쉽게도 오늘날에는 환경(농지) 파괴 등으로 골든햄스터의 수가 현저히 줄었으며 야생종은 '멸종 위기종'으로 지정되었다.

『시리아, 성지, 소아시아』 중에서
죤 칸 지음, 윌리엄 버틀렛 그림, 1838년, 런던
19세기 초엽 다마스쿠스 카페 풍경.
밤에 번성해 있었다.

대추야자를 따고 있는 베드윈 족 남성.
토발이라 불리는 대추야자의 섬유로 엮은 도구를 이용하여
높은 나무에 올라가 대추야자를 쳐서 밑으로 떨어뜨려 수확한다.

칼럼

아라비안나이트 구루메

이노우에 미츠코
井上端子

아라비안나이트를 읽다 보면, 요리(Groumet)에 관한 묘사가 많음에 놀란다. 『천일야』와 다른 두 가지 이야기(동양문고 『아라비안나이트』)에서 꼽아보면 1500건을 넘는다. "진수성찬을 먹다" "먹고 마시다"라는 모호한 묘사가 많지만, 요리의 이름을 구체적으로 들고 재료나 맛까지 표현한 부분도 있다. 버턴 판도 참고로 하고 구체적인 요리의 이름을 명확히 하는 작업을 진행한 후에, 시크바지, 지르바자, 사프란 라이스, 사리드, 아시다(수수로 만든 요리), 하리사(매운 고추를 써서 만든 조미료의 일종), 닭고기 스프, 삶은 누에콩, 삶은 렌즈콩, 키스크(쌀과 버터 등을 넣고 끓인 이집트의 가정식), 자크로 석류 쥬스 디저트, 바크라와(중동의 대표적인 과자, 케익과도 비슷함)의 12가지 품목의 재현을 시도했다.

아라비안나이트의 요리는 과연 어떤 것이었을지 알아보기 위해 몇 가지 자료를 참고로 했다. 압바스 왕조(750~1258)의 요리서에 관한 연구는 이미 진행되고 있어 몇몇 연구가들이 요리를 재현해 보였다. 아라비안나이트에 나오는 요리 중에는 페르시아에 어원을 둔 음식이 있다. 그래서, 아라비아 요리서 외에 페르시아 요리서도 참고로 했다. 최근의 요리서를 조사해 보니, 아라비안나이트에 등장하는 요리와 비슷하면서도 그 이름은 전혀 다른 요리, 또는 이름은 같으나 당시에는 사용되지 않았던 조미료나 재료가 첨가되었던 요리가 있었다. 예컨대, 사리드는 오늘날의 중동 요리서에는 토마토 맛으로 되어 있다. 현대의 아라비아 요리에서 토마토는 없어서는 안 될 재료이지만, 압바스 왕조기에 토마토는 아직 아랍에 전해지지 않았다.

이번의 시도를 통해 몇 가지의 특징이 분명해졌다. 먼저, 맛이 새콤달콤하다는 점이다. 신맛을 내는 식재료는 와인비네거, 요쿠르트, 레몬, 자크로 석류 등이다. 단맛을 내는 식재료는 사탕, 꿀, 말린 과일 등이다. 식초와 설탕에는 양념뿐 아니라 음식을 상하지 않게 하는 방부·살균의 효과가 있다. 오랜 시간 연회 식탁 위에 올라 있었던 음식들은 연회가 끝나면 참석하지 못한 사람들에게 나누어준다. 이때 요리를 오래 보존하려면 약간은 진한 듯한 식초와 설탕 맛이 필요했을 것이다.

다음으로 향의 기본이 되는 것은 식초와 장미수다. 식초는 가열하면 향이 진해져 요리가 식어도 향이 지속된다. 새콤한 향은 뇌의 섭식중추를 자극하여 식욕을 증진시키는 것으로 알려져 있다. 〈선원 신드바드와 짐꾼 신드바드〉(537일째 밤)의 도입 부분에서, 짐꾼 신드바드가 선원 신드바드의 저택 문 앞에 놓여 있는 마스터바(무덤의 일종. '직사각형의 벤치'처럼 생겼으며 그런 의미에서 마스터바로 불림)에서 잠시 쉬고 있으려니 온갖 맛있는 음식 냄새가 저택 쪽에서 풍겨왔다. 짐꾼 신드바드는 분명 쿵하고 코를 찌르는 식초 냄새를 맡았을 것이다. 당시의 아라비아 요리는 메인 요리에도 디저트에도 조리 마무리에 장미수를 썼다. 오늘날, 아라비아 과자에서 장미수 향은 빠뜨릴 수 없다. 또한 쌀 요리나 고기 요리의 재료에 장미수가 들어가는 것도 일반적이었다. 그러나 대부분의 경우 '기호에 따라'라는 주의 사항이 부가되어 있었다. 그러나 오늘날 장미수는 압바스 시대처럼 '없어서는 안 될 재료'는 아닌 듯하다.

압바스 왕조의 요리 색은, 고기의 갈색, 요쿠르트나 키스크 등 유제품의 흰색, 코리앤더와 파슬리의 녹색, 사프란의 황색, 자크로의 적색이다. 음식을 차려 놓고 보니, 오늘날 아라비아 요리의 토마토색에 익숙해져 버린 탓인지 뭔가 부족한 느낌이다. 토마토의 붉은 색이 처음 식탁에 올랐을 때, 왕후와 귀족들은 그 아름다움에 압도되었을 것이다. 순식간에 토마토가 아라비아 요리로 자리할 수 있었던 이유가 비단 맛 때문만은 아니었음이다.

마지막으로 식감食感. 압바스 왕조의 요리에는 익혀 약간 걸쭉하게 만든 요리가 많다. 걸쭉한 맛을 내는 재료는 갈아낸 견과, 곡류, 잘개 부순 빵, 요쿠르트, 키스크, 콩 등의 재료다. 얇은 빵을 스푼 대용으로 하여 먹을 때, 이 걸쭉함 때문에 국물이 흐르거나 하지 않아 손으로 하는 식사에 안성맞춤이다.

다음에서 소개하는 시크바지, 지르바쟈, 사프란 라이스의 레시피를 보면서 아라비안나이트의 향응을 즐겨보자.

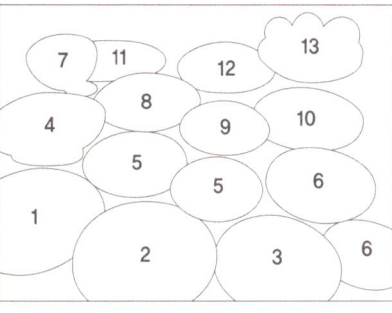

1. 삶은 렌즈콩 2. 지르바쟈 3. 빵 사리드 4. 사프란 라이스 5. 올리브 오일을 곁들인 생 누에콩과 요쿠르트 소스 6. 닭고기 스프 7. 자크로 젤리 8. 키스크 딥 9. 아시다 10. 보리 하리사 11. 호브즈(아랍식 빵) 12. 시크바지 13. 자크로, 사과, 오렌지, 대추야자 열매, 바크라와

시크바지

시크바지는 「바그다드의 짐꾼과 세 자매의 기구한 사연」중 '질투심 많은 사내와 시기 받은 사내' (13일째 밤), 「꼽추의 죽음과 네 명의 범인」중 '나사렛 인 거간꾼 이야기' (26일째 밤)와 '이발사의 여섯 번째 형 이야기' (33일째 밤)에 등장한다.

재료
스튜용 쇠고기 450g, 양파 1/2개, 리크(지중해 연안에서 나는 채소) 150g, 코리앤더 잎 15g, 가지 150g, 말린 대추야자 20g(씨를 뺀 후의 무게), 말린 무화과 20g, 말린 포도 20g, 슬라이스 아몬드 20g, 꿀 1/2큰술, 백초산(비네거 와인) 1~3큰술, 시나몬 스틱 1/2개, 코리앤더 씨 3/4작은술, 사프란 약간, 장미수 1큰술, 소금 약간

만들기
1. 준비와 손질 : 양파는 잘게 썬다. 리크는 1cm 길이로 자른다. 코리앤더는 잎을 잘게 찢는다. 가지는 껍질을 벗기고 큼지막하게 깍둑 썬다. 대추야자는 씨를 빼고 세로로 반 가른다. 코리앤더 씨를 프라이팬에서 약간 (익어서) 색이 나올 때까지 볶고 절구로 잘 빻는다. 쇠고기를 한입 크기로 잘라 물에 헹구고 살짝 데쳐낸다. 행주로 물기를 잘 닦아낸다. 2. 두꺼운 냄비에 고기, 코리앤더 잎, 시나몬스틱, 소금 약간을 넣고 물을 자작하게 붓는다. 약한 불로 45분 정도 고기가 부드러워질 때까지 삶는다. 피물이 많이 나오므로 정성껏 건진다. 3. 가지는 다른 냄비에서 10분간 삶는다. 4. 두 개의 냄비에 양파와 리크를 넣고 10분 정도 끓인다. 가지와 빻아놓은 코리앤더 씨를 넣고 20분 더 끓인다. 5. 식초 1큰술에 사프란과 꿀을 넣고 사프란의 노란색이 충분히 나올 때까지 기다린다. ❷의 냄비에 넣는다. 6. 대추야자, 무화과, 말린 포도, 아몬드를 ❷의 냄비 위에 얹고 뚜껑을 닫아 약한 불로 30분 끓인다. 수분이 부족해지면 뜨거운 물을 붓는다. 7. 맛을 보고 신맛이 부족하다 싶으면 식초 1큰술을 더 넣는다. 단, 3큰술 이상은 넣지 않도록 한다. 8. 냄비에서 대추야자와 무화과를 그릇에 담아내고, 나머지를 다른 그릇에 평평하게 담아낸다. 대추야자와 말린 포도를 위로 올리고 마지막에 장미수를 뿌린다.

*원래는 쇠고기가 아닌 양고기를 이용한 요리다. *새콤달콤한 맛은 시간이 지날수록 강해진다. 한 번에 많은 식초를 넣지 않도록 맛을 보면서 첨가한다. *고기를 물에 씻은 다음 삶아 데쳐내고 행주로 물기를 잘 닦아내는 준비는 로마 시대부터 이어진 음식의 손질 및 준비 방법이다. 오늘날의 요리 책에는 씻어 있지 않은 경우도 있지만, 아랍 사람들은 이러한 과정을 아주 당연하게 여긴다. 고기 표면의 피와 물기를 제거함으로써 고기 냄새를 없는 것이라고 한다.

지르바자

지르바자는 「꼽추의 죽음과 네 명의 범인」 속의 '궁전 주방장 이야기' (27~28일째 밤)에 등장한다.

재료
닭고기 600g, 파 250g, 올리브 오일 1큰술, 백초산(베네거 와인) 1~3큰술, 설탕 2큰술, 장미수 2큰술, 시나몬가루 3/4작은술, 생강가루 1/2 작은술, 아몬드 가루 12.5g, 슬라이스 아몬드 12.5g, 후추 약간, 파슬리

만들기
1. 준비와 손질 : 닭고기를 한입 크기로 썰고, 물에 씻어 살짝 데쳐낸다. 행주로 물기를 잘 닦아낸다. 파는 잘막하게 자른다. 2. 두꺼운 냄비에 올리브 오일을 두르고 닭고기를 엷은 갈색이 날 때까지 볶는다. 3. ❹에 파와 후추를 넣고 물을 자작하게 부은 다음 약한 불로 30분 정도 삶는다. 피물이 나오면 건진다. 4. 볼에 백초산 한 큰술, 바라수, 설탕, 시나몬가루, 생강가루, 아몬드가루, 슬라이스 아몬드를 넣고 잘 섞은 다음 ❺에 넣고 30분 정도 끓인다. 5. 맛을 보고 신맛이 부족하면 식초를 1큰술 더 넣는다. 단, 3큰술 이상 넣지 않도록 한다. 6. 그릇에 담아 파슬리로 장식한다.

*아랍의 파는 다 자란 양파의 줄기부분이다. 유럽에서는 스캐리온이라 부른다. 쪽파와 비슷하기도 하다. * 새콤달콤한 맛은 시간이 지날수록 강해진다. 식초를 한꺼번에 많이 넣지 않도록 맛을 보면서 첨가한다.

사프란 라이스

「알리 샤르와 즈무루드의 새콤달콤한 사랑」(308~327일째 밤)에 등장한다.

재료
타이 쌀 3컵, 물 3과 1/2, 소금 약간 모자란 1큰술, 샐러드유 1/4컵, 버터 1/2컵, 사프란 1/4작은술, 미온수 1큰술, 설탕 100g

만들기
1. 1시간 전에 쌀을 씻어 자루에 붓고 물을 뺀다. 2. 쌀, 물, 소금, 샐러드유를 밥솥(취반기)에 넣고 알맞은 정도로 밥을 짓는다. 3. 사프란을 잘게 썰고 미지근한 물 1큰술을 넣어 색을 낸다. 4. 밥이 다 지어지기 10분 전에 뚜껑을 열어 ❺의 사프란 색이 된 물을 쌀 위에 끼얹는다. 뚜껑을 닫고 그대로 밥을 완성시킨다. 5. 밥이 다 되면 버터와 설탕을 넣고 섞는다.

*전체를 노란색으로 하는 것이 아니라 하얀 쌀과 노란색이 물든 쌀이 섞이도록 한다. 따라서 ❷에서는 사프란을 끼얹기만 하고 쌀을 섞거나 하지 않는다. * 사프란을 미지근한 물로 녹이지 않고 장미수로 녹이는 경우도 있다. * 밥솥은 일반 아랍 가정에 보급되어 있으며, 현재 대부분의 아랍 요리책에는 취반기로 밥 짓는 방법과 냄비로 밥 짓는 방법이 나와 있다.

세헤라자데의 세계

왕비의 부정을 목격한 샤리야르 왕은, 매일 밤 처녀를 한 명씩 불러들여 동침하고서는 이튿날 동틀녁에 죽여버린다. 이런 불행을 막기 위해 마침내 대신의 딸 세헤라자데(샤라자드)가 나선다. 첫날 밤, 그녀는 왕에게 흥미진진한 이야기를 들려주는데 절정 부분에서 "다음 이야기는 내일 밤에…"라며 말을 멈춘다. 이야기의 행방이 궁금해진 왕은 그녀를 죽이지 못하고 다음날 밤을 맞는다…

이렇게 시작된 아라비안나이트에는 다양한 여성들이 등장한다. 남자로 변장하고 대모험에 나선 여성, 놀라우리만큼 간교한 계략으로 사람들을 궁지에 빠뜨리는 여성, 엄청난 지식으로 남성 학자들을 설복시키는 여성, 사랑하는 남자를 위해 자신을 다 바치는 여성, 그녀들은 이야기 속에서 웅변하고, 크게 분노하며, 웃기도 하고 울기도 한다.

이처럼 아라비안나이트에는 아주 호방하고 쾌활한 여성들이 등장하지만, 오늘날 우리가 생각하는 중동 여성의 이미지는 말이 없고 자칫 애처롭기까지 한 모습이다. 팔레스타인와 이라크에서 눈물로 살아가는 어머니와 소녀, 탈리반(Taliban, 이슬람 정치운동 단체. 테러를 지원하며 여성의 권리를 탄압하고 매우 경직된 정치체제를 운영하는 이슬람 근본주의 운동의 일종)이 없어져도 '브루카'(몸과 얼굴을 가리는 검은 천. 탈리반에 의해 브루카 착용이 강제되었던 사실에서 이슬람의 여성 억압의 상징으로 여겨짐)를 벗지 않는 아프카니스탄 여성들, 전신을 검은 차도르로 감싼 이란 여성의 고통. 우리의 시야에 들어오는 중동의 극히 일부분만을 담아낸 영상이나 뉴스가 세헤라자데를 대신하여 현대판『아라비안나이트』를 이야기하고 있기 때문이다.

그런가 하면, 중동에 대해 에로틱한 환상을 갖는 사람도 있다. 베일 속에 감춘 아름다움, 정신을 혼미하게 만드는 관능적인 여성들이 한데 어우러져 누워 있는 하렘(harem)의 풍경, 관능적인 허리춤으로 남성을 매료시키는 밸리댄스. 중동은 멀고 두꺼운 '신비의 베일'에 가려 있어 우리들의 시계視界를 차단한 듯하다. 대체, 그곳에서는 어떤 여성들이 어떻게 생활하고 있을까?

이집트나 시리아, 이란과 같은 중동의 여러 나라들을 여행하며 시장을 돌아다닐 때나 버스 창으로 보이는 마을을 멍하니 바라볼 때, 그리고 초대받은 집의 장막 안을 살짝 들여다 볼 때, 우리는 뜻밖에도 놀라운 광경과 마주하게 된다. 그것은 다양한 여성의 모습─남편을 손에 쥐고 흔드는 호쾌한 아내, 가사와 직장 일 모두를 완벽하게 소화해내는 캐리어우먼, 의욕이 엄치는 우수한 여대생, 혼담 이야기에 설레는 젊은 처녀의 모습─이다. 그것이 바로 현대판 브두르 공주(알라딘에 나오는 술탄의 딸), 타왓도도(박학한 여자노예), 아지자, 다릴라 숙모 등 에너지 넘치는 여성들이 활약하는 '세헤라자데의 세계'이기도 하다.

천일하고도 하룻밤 동안, 세헤라자데의 이야기를 들으면서 샤리야르 왕은 이렇게 생각했는지도 모른다. 세상에는 참으로 다양하고도 많은 '여자들'이 있구나 하고 ──────── E.G

062
예루살렘 여성 의상
쿠터베(드레스), 히잠(허리띠), 쿠르스(모자), 타르비에(쓰개), 이크두(머리장식)
1940~50년대, 팔레스티나
빨강과 초록의 비단을 번갈아 배치하여 독특하고 아름다운 스티치로 꿰매 놓은 드레스, 코인과 자수로 장식한 작은 원형의 모자가 특징적이다.

063
예루살렘 여성 의상(부분)
갓베라고 불리는 흉부의 자수 판넬은 드레스와는 별도로 만들어지며, 다른 부분과 이어진다. 흉부에 자수를 다는 것은 예루살렘 이외의 지역에서도 일반적이며 천이 보이지 않을 정도의 촘촘한 자수가 인상적이다.

팔레스티나 여성 의상
— 카와르 컬렉션에서 —

1948년, 팔레스티나에 이스라엘 국가가 건설된 이후 이 땅에서 시작된 전쟁과 무력항쟁은 반세기를 지난 지금까지도 매일같이 암울한 뉴스를 전하고 있다. 유대교, 그리스도교, 이슬람교라는 3대 종교의 성지 예루살렘을 포함하여 순례자가 끊이지 않는 팔레스티나는 예로부터 풍부한 문화를 육성한 땅이기도 했다. 그것은, 이 땅에 번진 여성 의상의 풍부한 변화로도 엿볼 수 있다. 혼례일을 기다리며, 행복한 생활에 감사하며, 한 땀 한 땀 정성스레 수를 놓는 팔레스티나 여성들의 자수와 자연으로부터 받은 은혜를 표현한 문양 등이 사라져가는 지금 그것들을 기록으로 남기고자 하는 노력이 이루어지고 있다. ——— E.G

064
사르트의 여성 의상
하라케(롱드레스), 스피페(띠), 하데(머리띠), 사마게(물고기 모양 목걸이)
1940~50년대, 중부 요르단
살트(Salt)의 하라게라고 불리는 드레스는 길이 3미터 폭 2미터가 넘는다. 옷을 입을 때는, 먼저 옷단이 발밑까지 오도록 조절하여 끈을 매고, 위쪽으로 남은 천을 가지런히 하여 밑으로 늘어뜨린다. 오른쪽의 소매는 베일과 같이 머리부터 덮어 쓰고 그 위에 머리띠를 한다. 왼쪽 소매는 등 뒤로 돌려 오른쪽 팔에 걸친다.

065
사르트의 여성 의상(뒷 모습)

066
카라크 여성 의상
하라케(긴 치마), 스피페(띠), 아스베(띠). 만디르(스카프), 이크두(목걸이)
1940~50년대, 중부 요르단
드레스의 길이는 2.7미터나 되며 살트와 마찬가지로 끈으로
길이를 조절하여 착용한다. 검은 바탕에 작은 꽃무늬를 넣는 등 다소 얌전한
복장을 즐겨 착용하였다.

067
마안 여성 의상
토브(치마), 스피페(띠), 우르제(머리장식), 키빌(코트), 이크두(목걸이)
1940~50년대, 남부 요르단
선명한 색상의 아틀라스(시리아 산의 수자직(새틴)) 천에
드레스와 코트, 모직 벨트, 코인이 달린 머리장식으로
치장하는 마안의 의상. 베일처럼 머리부터 쓰기 때문에
오른쪽 소매는 왼쪽 소매에 비해 크며
앞뒤가 거꾸로 달려 있다.

068
라말라 여성 의상
토브(치마), 히잠(띠), 우카예(머리장식), 이즈낙(턱장식), 힐케(머리쓰개)
1940~50년대, 팔레스타인
하얀 아마(亞麻)천에 붉은 견사로 크로스스티치 자수를 놓은
라말라의 의상. 힐케라는 머리쓰개에는 꽃과 나무, 동물, 별 등
다양한 주제로 그림이 그려져 있다. 착용하는 여성의 재산인
코인이 빈틈없이 달려 있는 머리장식은 이 지역 특유의 것이다.

069
라말라 여성 의상(부분)

070
이르비드 여성 의상
토브(치마), 미드라케(드레스), 미르파(검은 크레이프의 베일),
우르제(머리장식), 하테(머리띠), 이크두(목걸이)
1940~50년대, 북서부 요르단
옷자락·소맷부리의 선명한 자수와 옆구리 부분의
삼각형 장식이 독특한 이르비드의 여성 의상.
우르제라는 머리장식의 뒷부분에 은화를 덧붙인다.

072
베들레헴 여성 의상(부분)

071
베들레헴 여성 의상
토브·마라키(치마), 히잠(띠), 샤트웨(머리장식), 이즈낙(턱장식), 탈비에(머리쓰개), 사리브(십자가 목걸이)
1940~50년대, 팔레스타인
견사와 인디고로 염색한 면사를 엮어 만든 고가의 천을 사용하기 때문에 '왕의 의복'이라고 불린다. 베들레헴은 선명한 색상의 코칭 자수로 유명하며, 색실 또는 금은색 실을 이용한 꽃무늬를 특히 선호하였다.
모자의 장식은 턱 장식을 이용하여 머리에 고정시킨다.

073
자파 여성 의상
토브(치마), 시르왈(바지), 즌날(벨트), 스마디예(머리장식), 리하프(머리쓰개), 키르단(초커)
1940~50년대, 팔레스타인
드레스와 바지는 모두 벨벳으로 코칭 자수가 수놓아져 있다.
리하프리는 유럽제 베일은 1930년대에 이 지역에 들어온 후 정착했다.

074
자파 여성 의상(부분)

075
가자(이집트 북동부 끝) 여성 의상(부분)

077
헤브론의 여성 의상(부분)

076
가자 여성 의상
토브(치마), 힐케(머리쓰개), 키르단(초커)
1940~50년대, 팔레스타인
V자로 크게 파인 네크라인, 가슴 부분을 장식하는
펜던트 모양의 자수, 선명한 분홍색의 라인이 특징이다.
키르단이라는 초커는 요르단과 팔레스타인 각지에서 널리 쓰였다.

078
헤브론 여성 의상
토브(치마), 즌날(벨트), 아라키예(머리장식), 그드페(머리에 쓴 천)
1940~1950년대, 팔레스타인
치마 앞부분의 커다란 패널, 촘촘한 기하학적 모양의 자수,
머리 꼭대기가 약간 뾰족하게 솟은
머리장식이 헤브론 지방의 특징이다.

카와르 컬렉션에 대하여

카와르 컬렉션은 팔레스타인의 민족의상에 관한 세계 유수의 컬렉션이다. 위다드 카와르는 나블스에서 태어나 베들레헴, 라말라에서 사는 동안 여성들의 민족의상에 관심을 갖기 시작했다. 이스라엘 건국 후 팔레스타인 난민이 되어 요르단으로 이주한 그는, 팔레스타인의 전통 문화가 사라져가는 것을 가슴 아프게 생각하여 자력으로 민족의상을 수집·보존하기 시작했다. 현재 컬렉션에는 1940년대의 팔레스타인 여성 의상을 중심으로 19세기 말부터 현대에 이르기까지 방대한 민족의상과 장신구가 수집되어 있으며, 국립민족학박물관은 그 가운데 일부를 소장하고 있다. 카와르는 유럽과 미국, 아시아 각국에서 전시회를 열어 팔레스타인의 전통문화를 소개하는 데 힘을 기울이고 있다. ── T.N

080
소녀
토브(치마), 히잠(띠), 만디르(스카프),
알 히자브(액막이용 목걸이)
1940~1950년대, 팔레스타인
라말라 특유의 자수가 들어간 어린이용 토브.
목걸이 대롱 속에 부적으로
꾸란의 경구를 적은 종이를 넣는다.

081
신부의 외삼촌
쿤바즈(상의), 아바야(외투), 케피야(머리쓰개),
아카르(머리끈)
1940~1950년대, 팔레스타인
도시부 지역에 사는 남성의 전형적인 성인 의장.
신부의 외삼촌은 신부의 보호자로서 중요시되며
신랑은 그에게 특별한 선물을 주는 풍습이 있었다.

079
신부
토브(치마), 히잠(띠), 샤와르(머리쓰개), 키르단(초커), 키라디투르 칼란풀(정향나무 목걸이)
1940~1950년대, 팔레스타인
혼례날 아침, 신부는 정향나무로 만든 목걸이를 담가 놓은 향기 좋은 물로 몸을
깨끗이 하고, 준비해 놓은 호화로운 의상을 입는다. 그 후 마시타(신부의 옷차림을 도와주는
여성)가 신부에게 코홀(눈 화장에 사용하는 분)과 연지로 화장을 해준다.

라말라의 신부

1950년대 여성의 방을 재현한 것이다. '하렘'이란 '금지된 장소'를 의미하는 아라비아어 '하림'에서 유래된 것으로, 친족 이외의 남성의 출입을 금지한 사적인 거주공간을 나타내는 말이다. 성도덕의 퇴폐에서 야기되는 질서의 문란을 염려하여 남녀의 불필요한 동석을 꺼리는 이슬람 사회에서는 칼리파나 왕의 궁전뿐 아니라 서민들의 집조차도 대개 남성용 공간과 여성용 공간으로 따로 나뉘었다. 여성의 방은 가족이 편하게 쉬고 어린이들이 성장하는 장소인 동시에, 친척이나 가까운 이웃 여성들이 모여 차를 마시거나 소일을 하면서 이야기꽃을 피우는 장소이기도 했다. 이 방에서 이루어지는 가장 중요한 행사 중 하나가 바로 혼례 준비다. 결혼식 당일 신부는 이곳에서 여성들의 손을 빌어 인생 최초의 전기를 맞이하기 위해 화려하게 치장한다. —— E.G

082
마시타
토브(치마), 히잠(띠), 만디르(스카프), 이크두(목걸이)
1940~1950년대, 팔레스타인
마시타는 혼례를 위한 미용을 담당하는 여성으로, 혼례 며칠 전에 신부의 전신의 털을 깎고 전날 헤나를 한다. 혼례용의 특별한 정향나무 목걸이를 준비하는 것도 마시타의 역할이다.

여성의 방 재현
의상류, 장식품류, 쿠션 커버, 매트리스, 무크흐레(코호르 주머니), 마흐라메 아루스(신랑의 손수건)
신부는 결혼하기 몇 개월에서 몇 년 전부터 새로운 생활을 위한 의상과 쿠션 커버를 만들기 시작한다. 아름답게 장식한 손수건을 신랑에게 보내는데 혼례 날 신랑이 이것을 들고 춤추는 풍습이 있다.

이슬람과 베일

고대로부터 아라비아 반도와 주변지역에는 햇빛과 모래먼지를 막기 위해 혹은 유복함과 자신을 과시하기 위해 베일을 쓰는 여성들이 있었다. 이윽고 꾸란에서 무슬림 여성을 짖궂은 괴롭힘으로부터 보호하기 위해 다른 여성들과 구분이 가능한 베일을 착용할 것을 명한 33장 59절, 남녀 모두 시선을 밑으로 하고 조신하게 행동하며 특히 여성은 아름다운 부분을 가리도록 하라고 명한 24장 30·31절 등, 어떤 면에서는 베일의 착용이 요구되었기 때문에 이 관습은 무슬림들 사이에 확산되었다.

단, 무엇을 이용하여 신체의 어느 부분을 가려야 한다는 조항은 명시되어 있지 않기 때문에 상세한 내용은 후세 사람들의 해석과 판단에 맡겨지게 되었다. 나라와 지역, 나아가 개인에 따라 베일의 형태와 쓰는 범위가 다른 것은 이 때문이다. ─── E.G

083
이집트의 이슬람 복장
아바야(치마), 타르하(베일), 현대
현대의 디자이너에 의한 아바야와 타르하
전통적인 형태와 색을 계승하면서도
참신한 디자인으로 만들어져 있다.

084
아프가니스탄의 차도르
차도르(베일), 현대
차도르는 1959년 이후 일시적으로 폐지되었다가 1990년대의 무자헤딘(성스러운 이슬람 전사를 뜻하며, 이슬람 국가의 반정부 단체나 무장 게릴라 조직이 스스로를 지칭하는 말)과 뒤이은 탈레반 정부가 아프간 여성들에게 강제로 차도르를 착용하도록 했다. 지금도 도시 지역에서 널리 착용되고 있다.

085
싱가포르의 이슬람 복장
[왼쪽·오른쪽] 바주 쿠룽(상의), 사롱, 스카프, 브로치, 현대
[중앙] 바주 카바야(상의), 사롱(치마), 스카프, 브로치, 현대
말레이의 전통적인 튜닉식 상의(바주 쿠룽)와 치마로 이루어진 무슬림 여성용의 의복.
앞트임과 입체적인 재단의 상의는 바주 카바야라고 하며, 중국풍과 인도풍의 디자인도 있다.

086
오만의 와카야
디슈다샤(상의), 샬와르(바지), 현대
상의, 바지, 2장의 숄로 이루어진 오만 여성의 민족의상.
컬러풀한 술이 달린 숄이 특징적이다.

오만에서 매회 개최되는 국왕의 탄생일 축하를 위한 국경일의 관중.
여성과 남성의 자리가 나뉘어 있으며 가족이라도 예외는 없다.

베일로 멋을 낸 카이로의 대학생들.
최근 부유층과 젊은이들 사이에서 베일 착용이 늘고 있다.
색과 디자인에 있어 패셔너블한 베일이 늘어나고 있으며,
두르는 방법이 연구될 정도다.

유행 따라 베일 두르기

1

색이 다른 장방형의 스카프를 2장, 2, 3센티미터 사이를 두고 겹친 후,

2

머리 꼭대기에서부터 늘어뜨려 턱 밑에서 안전핀을 이용하여 고정시킨다.

3

안쪽의 천을 약간 뒤로 하여 머리에 두르고, 흘러내리지 않도록 바늘로 고정시킨다.

4
마찬가지로 바깥쪽의 천을 두르고 바늘로 고정시킨다.

5

베일의 재발견

20세기 전반, 중동 각지에서 일어난 국가 규모의 서양화 정책과 여성해방운동의 결과 베일은 점차 사라져갔다. 그러나 1970년대가 되어 무슬림 사이에서 베일의 의미와 역할에 대해 다시금 인식하게 되었다. 꾸란에서 말한 것처럼, 여성은 아름다운 부분을 감추어야 한다는 생각에서 몸의 실루엣과 머리카락을 감추는 새로운 패션이 생겨나 '히자브' '이슬람 의복'이라 불리며 각지로 널리 퍼져갔다.

이란, 사우디아라비아 등 이슬람 의복의 착용을 의무화한 나라가 있는 한편, 중동 및 동남아시아 각지에서는 여성의 사회 진출에 따라 가족과 본인의 의지로 베일을 착용하는 무슬림 여성이 증가하고 있다.

E.G

벨리댄스는 아랍에서 생겨난 댄스. 리드미컬한 움직임은 연주되는 음악에 정통해야 가능하다.

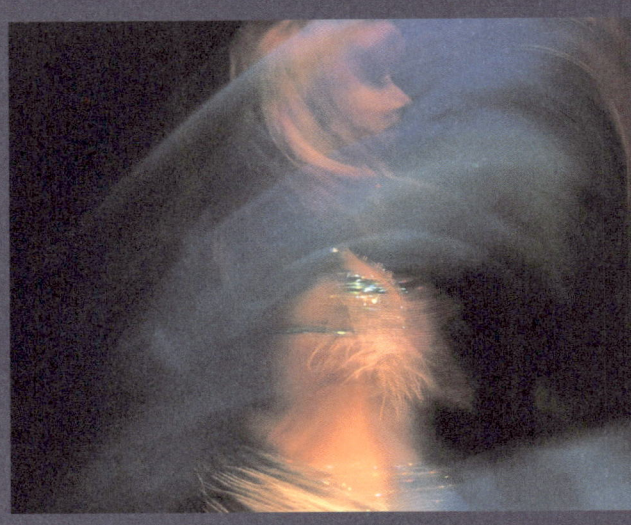

벨리댄스의 유혹

오리엔탈 댄스라고도 하는 벨리댄스는 본래 아랍 세계의 대중무용이었다. 옛 이집트에서는 마을의 축제나 결혼식 등에서 가와디라고 불리는 사람들이 춤 솜씨를 뽐냈다. 지금도 결혼식 등에서는 프로 댄서를 불러 사람들의 흥을 돋우는 일이 많으며, 한편으로 관광산업으로 정착되기도 했다. 미국에서 일어난 붐이 전 세계로 펴져 일본에서도 벨리댄스 강좌가 성황이다. 중동에서는 이슬람 계율 때문에 대체로 댄서의 사회적 지위가 낮으나, 카이로에서 매년 국제 벨리댄스 페스티벌이 성황리에 개최되는 것에서 보듯 벨리댄스 문화의 사회적 승인을 촉구하는 움직임도 있다. ──── T.N

087
벨리댄스 의상
1960년대, 이집트
한 시대를 풍미했던 대스타 지지 무스타파의 의상. 의장意匠에 공을 들인 현대의 현란한 의상에 비해 정통파 스타일이다. 친필 사인이 있다.

088
밸리댄스 의상
현대, 이집트
사이디(상上 이집트 풍)이라 불리는 춤의 의상.
상上 이집트는 카이로 이남의 룩소르 등의 일대를
가리킨다. 지팡이 등을 사용하는 농민의 춤도
들어가 있다.

089
밸리댄스 의상
현대, 이집트
밸리댄스의 의상은 춤의 장르마다 달라지는데,
프로 댄서는 자신의 체형과 취향에 맞추어 디자이너에게 주문한다.
카이로의 공방에서 특별주문한 최신 디자인 의상.

090
영화 「바그다드」의 포스터
1949년, 미국
미국에서 쇼 비즈니스로 성공한 밸리댄스는
할리우드에도 진출했다.
유명 여배우와 현지 댄서도 출연했다.

091
19세기 초엽 카이로의 가와디
데이비드 로버츠 그림, 런던
가와디(이른바 집시를 가리킴)의 춤이
현재의 밸리댄스의 기원 중 하나다.

아라비안나이트의 가락

092
우드(Oud)
현대, 이집트
류트나 비파의 원류. 서양 배 모양에 공명동共鳴胴이 있다.
앞면은 박판, 뒷면은 나무쪽을 짜 맞춘 것이라 가볍다.
거트(양의 창자) 또는 스틸 현을 5~6 코스 퉁긴다. 최저음현을 제외하고 각 코스 모두 복현.
지판指板에는 프렛(fret)이 없다. 중동 전역에서 지금도 즐겨 연주한다.

… 시녀는 "분부 받들겠나이다"라고 대답하고는 잠시 자리를 비우는가 싶더니, 지르리크(다마스쿠스)의 우드(류트)와 페르시아의 쳉(tcheng, 수금, 하프), 타타르 족의 나이(Nay, 플루트와 비슷한 피리), 그리고 이집트의 카눈 등을 가지고 왔습니다. 그리고 처녀는 우드를 들더니 현의 상태를 살피고는 천천히 연주하며 낮고 부드러운 목소리로 노래하였습니다. 산들바람보다도 부드럽고, 하늘 위 낙원의 맑은 샘물보다도 달콤한 목소리였습니다. … (49일째 밤 중에서)

아라비안나이트, 그 장대한 이야기의 여기저기에는 가무음곡에 대한 언급이나 가락에 맞추어 읊은 시문이 마치 기라성처럼 아로새겨 있다.

거기에는 아브 누와스, 이븐 슈라이즈, 마하바드, 아르마우시리 부자, 이븐 시나와 같은 역사상 실제로 존재했던 시인과 음악가가 등장한다.

이 가운데 아르마우시리 부자는 압바스 왕조 최전성기인 5대 칼리파 하룬 알 라쉬드(재위 786~809)의 전속 음악가로, 칼리파의 술 상대이기도 했다. 이 부자는 함께 바그다드의 궁정에서 타고난 음악적 재능과 명성을 남용하여 아라비안나이트 중에서 몇 개의 흥미로운 에피소드의 주인공으로 등장하기도 한다.

아라비안나이트에는 이러한 압바스 왕조의 시인과 음악가를 중심으로 창작되고 명성을 떨친 수많은 시문이 종종 삽입되어 있을 뿐 아니라 그 노래의 반주를 담당한 다양한 악기—우드, 카눈, 슈바베(Shubbabeh), 다프(Daff) 등—의 모습도 보인다.

아라비안나이트에 나오는 음악가들은 아랍 음악사의 한 시대를 풍미하며 가장 세련된 음악을 선보였는데 그곳에서 불린 노래는 아랍 유목민의 풍요로운 전통을 방불케 한다. 또한 이야기 속에 나오는 악기는 아랍 여러 나라로 전해진 민속악기와 고전악기로써 오늘날까지 남아 있다. 이렇게 아라비안나이트의 가락은 태고에 탄생하여 이윽고 바그다드의 궁정과 거리에서 화려하게 꽃피웠으며, 그 후에도 계속 끊이지 않고 현대 아랍 문화로 이어지고 있다.

그렇다면 그 가락의 실체는 어떠할까? 물론 음 그 자체는 완전히 사라져버렸다. 그러나 바그다드의 이라크 국립음악합주단 '알 차르기 알 바그다드'가 연주하는 고풍스런 음색의 노래, 그리고 마그레브에 남아 있는 고전 노래인 누바 등에서 우리들은 당시 도시에서 유행하던 대중가요(이라키·마캄)의 편린을 조금이나마 엿볼 수 있다. ━━ T.N

중동 이슬람 세계의 악기

중동 이슬람 세계에 분포하는 악기는 매우 풍요롭고도 다채롭다. 그 중에서도 카눈이나 우드처럼 특히 이슬람 시대에 들어와 생겼거나 개량된 악기도 있다. 그러한 악기 중 몇 개는 아라비안나이트에도 등장한다. 그러한 악기의 재질은 예외 없이 유목민 문화와 건조한 풍토에서 비롯된 것이다. 예컨대, 태고太鼓에는 양피를, 현악기의 현에는 양의 창자(거트)를, 또한 활에는 말의 꼬리털을 각각 이용한다. 또한 나이와 같은 각종 피리는 식물의 줄기로 만든다. 나이는 이슬람 신비파, 수피가 즐겨 부는 피리가 되었다. 기원전 2500년의 메소포타미아에 기원을 둔 심시미야가 그러했듯 이러한 악기는 모두 손으로 만들기 때문에 모두 조금씩 다른 모양을 하고 있다. ─── N.M

093
심시미야
현대, 이집트
6현(거트)의 리라.
이 종류의 리라는 중동 여러 나라에서 동아프리카 일대에 분포한다.
악기이름, 형태, 크기는 다양하며 현의 수도 다양하다.

094
리크
현대, 이집트
레크라고도 한다. 한쪽 면이 가죽으로 된 북.
가장자리에 심벌즈가 5개 달려 있다.
손가락이나 손바닥으로 섬세한 리듬을 만들어낸다.

095
다르부카
현대, 이집트
두르바케라고도 한다.
설구운 원통형의 도기 한쪽에 양피나 어피를 씌운다.
양손가락으로 세밀한 리듬을 만들어낸다.

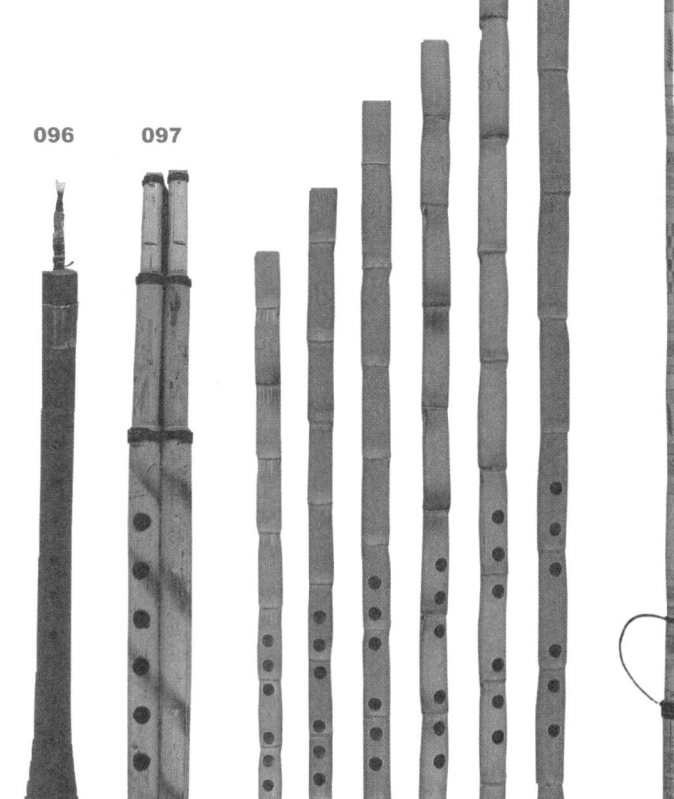

096
미즈마르
현대, 이집트
더블 리드의 목제 종적縱笛.
앞에 7개, 뒤에 1개의 구멍이 있다.
옥외에서 양면 북과 함께 흥겹게 연주한다.

097
미주위즈
현대, 이집트
싱글 리드, 갈대로 만든 쌍관형 종적.
선율관(6공)과 드론(지속저음)관으로 이루어져 있다.
순환호흡법으로 음이 끊어지지 않고 이어진다.

098
나이
현대, 이집트
플루트 계통의 종적.
갈대로 만들며 항상 9개의 마디로 이루어진다.
앞 6공, 뒤 1공. 음색은 샤쿠하치와 비슷하다. 6개가 한 세트.

099
아르굴
현대, 이집트
싱글 리드, 갈대로 만든 쌍관형 종적.
짧은 관이 선율관(6공). 긴 관은 드론(지속저음)관.
순환호흡법으로 분다.

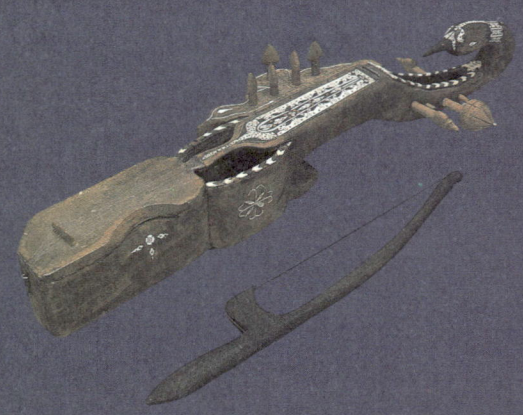
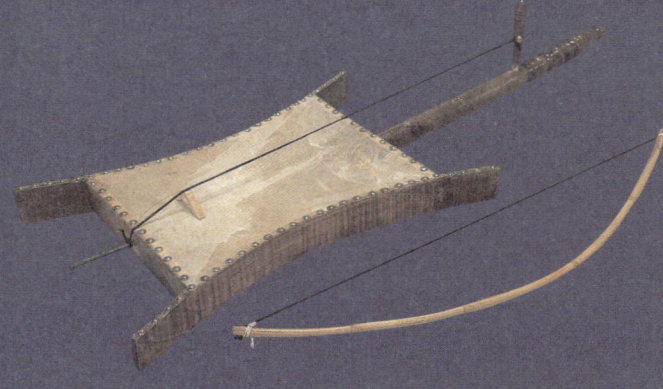

100
기챠크
현대, 아프가니스탄
장대형 류트 계통의 찰현악기.
테두리의 나무를 도려낸 상자의 표면에 거죽을 씌운다.
스틸로 만든 선율현과 공명현으로 이루어진다. 활은 말털.

101
라바브
현대, 쿠웨이트
베드윈이 연주하는 1현의 찰현 악기.
공명상자의 양면에 양피를 씌운다. 현과 활은 말털.

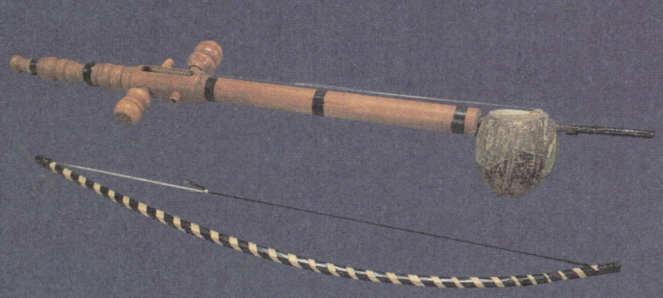

102
라바브
현대, 터키
2현(스틸제)의 스파이크 위들(버팀기둥이 달린 바이올린).
공명동은 코코넛 껍질. 활은 말털.

103
사즈
현대, 터키
장대형의 발현 류트. 서양배의 모양을 한 공명동의 표면에 얇은 거죽을 씌운다.
3코스의 복현(스틸제)과 22의 가동 프렛이 있다. 아쉬크(음유시인)가 연주한다.

104
겜브리
현대, 모로코
3현(거트제)의 장대형 발현 류트. 마그레브 지방과 수단에 분포.
베르베르의 그나와교단이 연주한다.

105
돔베크
현대, 이란
사르브라고도 한다. 받침 달린 잔 모양의 편면(片面) 북.
다르부카와 같은 종류. 이란 고전음악의 주요 악기.

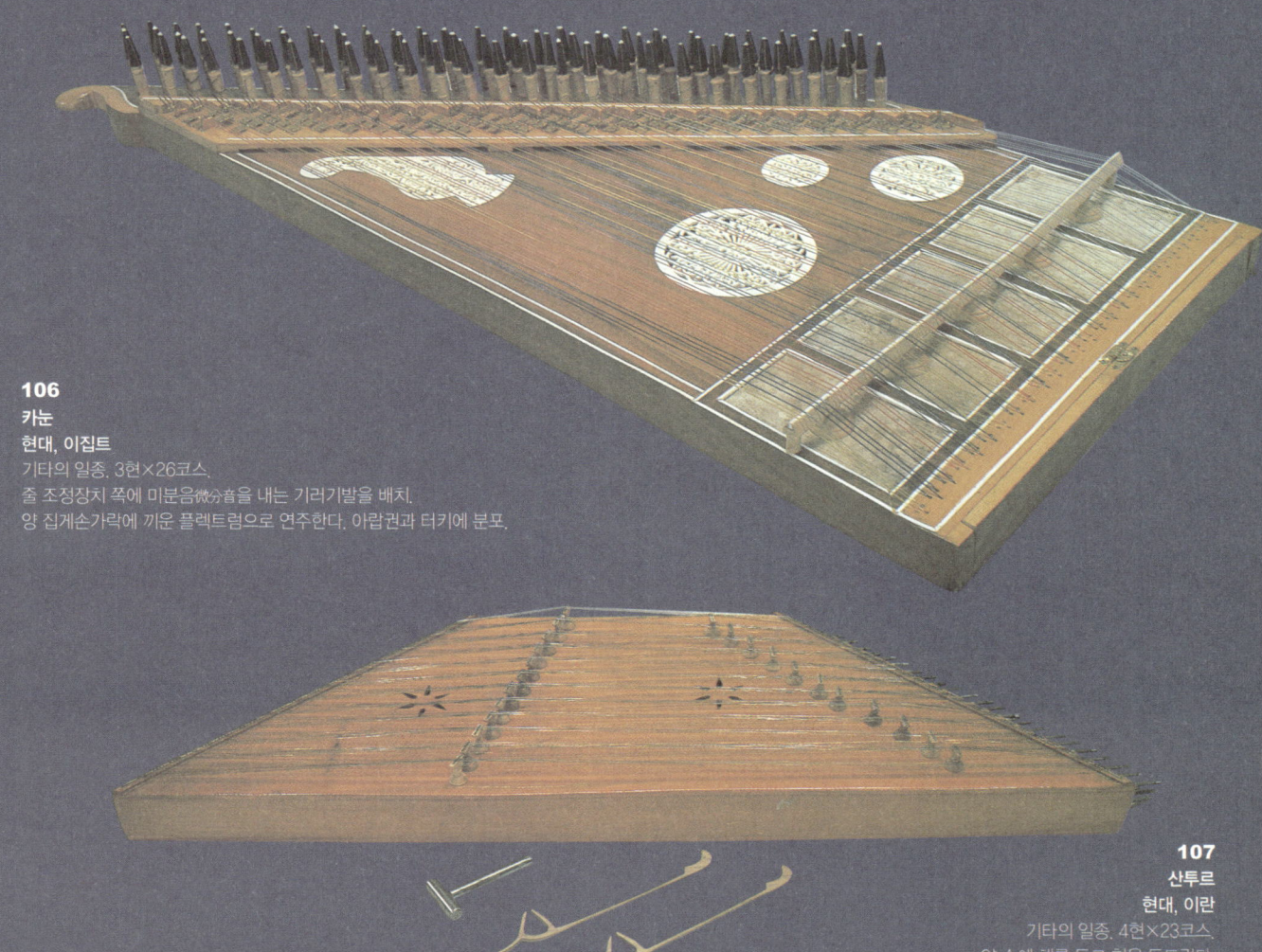

피아노는 기타 계통의 현명악기.
악기 전체는 강철제이나, 그 기본구조와 발음원리는 산투르나 카눈에 가깝다.

동서양 악기에 미친 영향

이집트와 메소포타미아 등 문명 발상지에서 생겨난 여러 종의 악기는 중동을 무대로 하여 오랜 세월 동안 발전하고 변모해 왔다. 또한 그 사이에 이러한 악기는 동쪽과 서쪽으로 계속해서 전파되었다. 그 옛날 아시리아의 하프나 인도의 오현五絃 비파가 일본의 쇼소인正倉院이라는 사원으로 전해진 것은 유명하다. 이러한 동東으로의 전파에는 실크로드가 커다란 역할을 했다. 한편 서西로의 전파는 오스만 제국의 영토 확장에서 비롯되었다. 거기에는 '우드→비파, 류트, 기타', '산투르, 카눈→양금, 친바롬, 쳄발로, 피아노', '시타르→샤미센(三味線, 일본의 전통 현악기), 산겐(三弦, 사미센의 일종)', '라바브→레벡, 바이올린', '쳉→하프' 등, 다양한 변천의 도식이 그려진다. 악기 문화의 이동은 음악 양식에도 영향을 미쳐 터키의 군악이 서양의 브라스밴드를 탄생시키기도 했다.

— N.M

106
카눈
현대, 이집트
기타의 일종. 3현×26코스.
줄 조정장치 쪽에 미분음微分音을 내는 기러기발을 배치.
양 집게손가락에 끼운 플렉트럼으로 연주한다. 아랍권과 터키에 분포.

107
산투르
현대, 이란
기타의 일종. 4현×23코스.
양 손에 채를 들고 현을 두드린다.
이란과 그 주변(이라크, 인도의 카슈미르 지방)에 분포.

현대에 살아 있는 아라비안나이트 음악

아라비안나이트 음악은 지금까지도 아랍 세계 도처에서 그 흔적을 발견할 수 있는데, 가장 전형적인 것 가운데 하나는 이베리아 반도의 後우마위야 왕조에서 태어난 아랍 안다루시아 음악이다. 이것은 일반적으로 '누바'라는 이름으로 불린다. 이 음악은 동방의 바그다드에서 안다루시아로 간 음악가 지르얍이 바그다드 궁정에서 유행하던 음악을 바탕으로 코르도바에서 창출한 것이다. 이는 풍부한 궁정시와 민중시로 이루어진 독창곡과 합창곡을 주체로 하고 여기에 악기의 간주를 끼워놓은 이른바 '조가組歌'이다. 합주단은 라바브, 바이올린, 우드, 카눈, 나이, 다라부카, 다프 등으로 이루어져 있으며 연주자가 노래한다. 누바는 15세기 말까지 안다루시아에서 모로코, 알제리, 튀니지 등 마그레브의 여러 나라로 전파되어 지금도 현지에서 활발하게 연주되고 있다. ─────── N.M

누바를 연주하는 페즈 시립음악원악단.
중앙에서 라바브를 연주하는 것이 아브드 알 카림 알라이스.

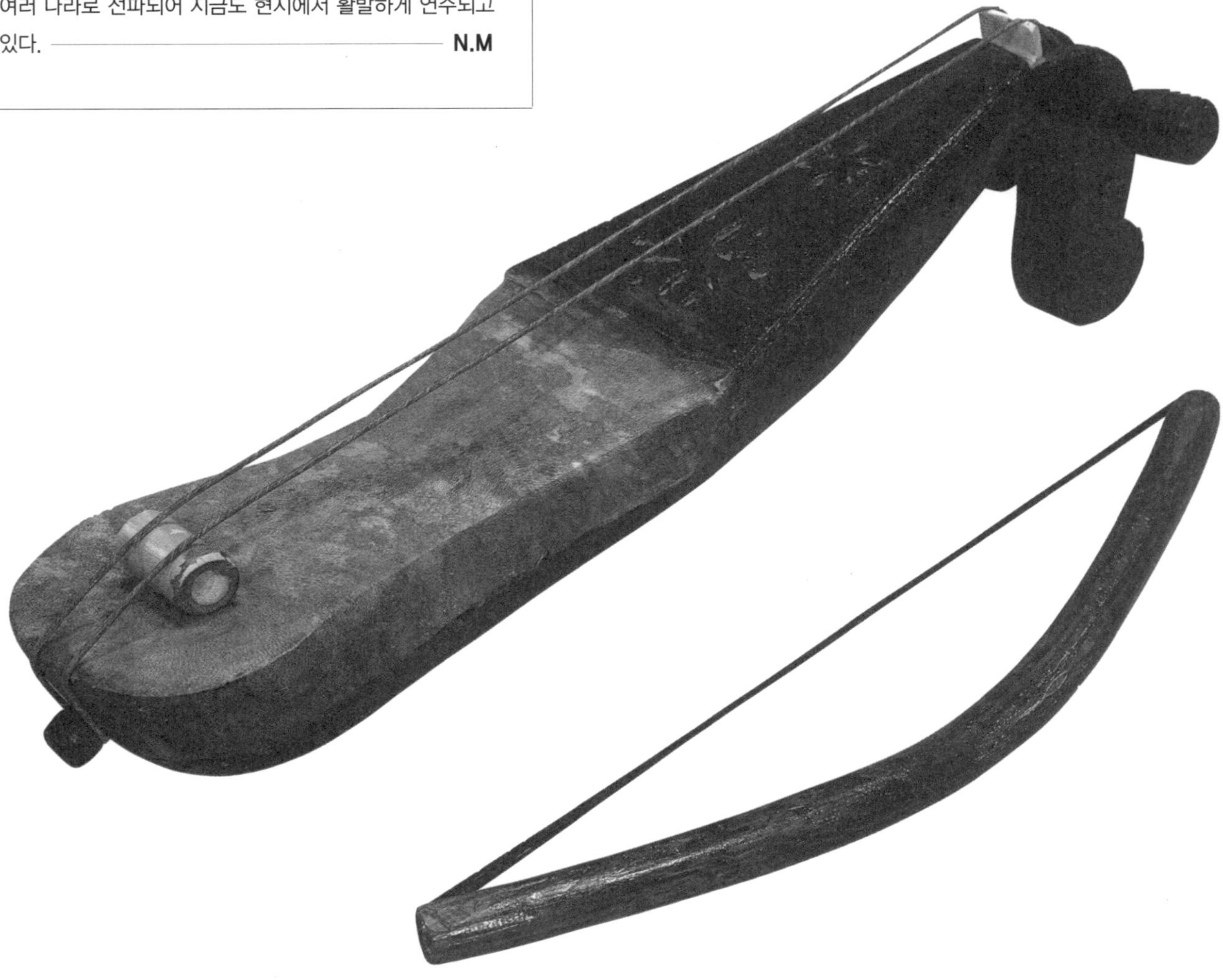

108
라바브 안다르시아
현대, 모로코
목제. 배 모양으로 도려내어 겉에 가죽을 씌운다.
2현. 현과 활은 말총을 꼬아 만든다.
누바에서는 장로가 이것을 연주하며 항상 악단을 리드한다.

칼럼

이집트의 가희 움므 쿨숨

미즈노 노부오

水野信男

움므 쿨숨(Omme Kolsoum, 1904?~1975)은 이집트 근대 가요계에 군림한 불세출의 천재 가수다. 풍부한 성량과 아름다운 노랫소리는 듣는 이를 매료하고 압도하여 '오리엔트의 별' '아랍의 가희' '황금의 목소리' '나일의 나이팅게일' '오색의 목소리를 가진 가수' 등 다양한 별명으로 불렸다.

그녀는 20세기 초엽, 나일 델타의 농촌에서 이맘(예배 인도자)인 아버지 밑에서 태어났다. 어린 시절 꾸란 학교에 드나들며 이슬람 성가 부르는 법을 배우고 연마하였으며, 그 후 결혼식이나 제례 행사에서 노래를 불렀는데 그때마다 뛰어난 창법이 주목을 받았다. 20대에는 카이로로 가서 본격적인 가수 수업을 시작하여 탁월한 음악가로서 두각을 나타냈다. 그 후 음반 취입 등을 통해 활약, 30대에 접어들어서는 한 달에 한 번 그녀의 라이브 콘서트가 카이로 방송 라디오를 통해 전 아랍 세계로 방송되었다.

이렇게 움므 쿨숨은 미디어를 매개로 하여 널리 아랍 대중의 마음을 사로잡았다. 비슷한 시기에 몇 편의 뮤지컬 영화의 주연을 맡기도 했다. 그리고 만년에는 당시 막 개국한 텔레비전에도 출연하였다.

움므 쿨숨은 50년이라는 장대한 예술의 인생 동안 다양한 전통적 음악 양식을 레퍼토리에 넣어 300곡이 넘는 노래를 불렀다. 아흐마드 샤우키(Ahmad Shawqi)를 필두로 한 이집트의 대표적 시인들이 모두 그녀를 위해 가사를 썼으며, 이를 바탕으로 작곡가와 그녀가 협력하여 잇달아 노래를 만들었다. 그녀는 주로 표준 아라비아어로 된 송가나 이집트 애국가, 그리고 아라비아어 카이로 방언으로 작사된 사랑 노래나 서정가 등을 불렀다. 이러한 노래는 고도의 예술성을 지니면서도 동시에 대중성을 겸비했다.

만년에 부른 '인타 움리(너는 내 인생)' '알 아틀랄(폐허)' 등은 특히 명곡으로 꼽히며 이 밖에도 전 생애에 걸쳐 부른 매력적인 노래가 수두룩하다.

움므 쿨숨은 서양 음악의 연주 양식과 악기(바이올린, 첼로, 콘트라베이스 등)를 자신의 노래에 반

움므 쿨숨의 열창 모습.
LP '움므 쿨숨'(SONO CAIRO) 자켓 커버.

주악기로 도입했다. 그러나 그 노래의 형태는 아랍의 전통음악에 뿌리를 두고 있으며 그러한 점에서 그녀는 철저한 이집트의 국민가수라고 하겠다.

2001년, 카이로의 로다 섬에 움므 쿨숨을 기념하는 박물관이 개관되었다. 그곳에서는 생전의 콘서트, 라이브를 복원한 100장이 넘는 CD와 몇 개의 비디오 테이프, DVD가 시판되고 있는데, 이는 노래를 집대성한 '음악의 세계적 유산'이라고 감히 부를 수 있을 것이다. 그녀의 노래는 이러한 음악 매체를 통해 그녀가 죽은 후에도 아랍 국가들은 물론 전 세계적으로 절대적인 인기를 얻고 있다.

오케스트라 반주에 맞춰 노래하는 움므 쿨숨.
CD 자켓 커버에서.

열려라 참깨—중동 세계의 문자

109
아라비아 서도 작품
하산 마스우디 필, 2000년, 프랑스
마스우디는 현재 프랑스에서 제작 활동을 펼치고 있는
이라크 출신의 서도가. 솔을 사용한 독특한 작품을 지닌다.
이 작품에는 압바스 왕조의 시인 무타나비가 지은
시의 일절이 적혀 있다.

110
원숭이가 여섯 종류의 서체로 시를 적는 장면
토마스 B. 달지엘 그림, 『아라비안나이트』, 1877년, 런던
영국의 목판화가인 토마스 B. 달지엘(1823~1906)의 삽화.
여기에서는 원숭이가 서양식 의자에 앉아 글씨를 쓰는 모습이 그려져 있으나,
아라비안나이트 시대에는 바닥에 앉아 무릎이나 낮은 책상에
종이를 놓고 쓰는 자세가 일반적이었을 것이라 생각된다.

"아무리 뛰어난 서예가라도 불사의 생명은 얻지 못할지니
그러나 그 손이 쓴 것은 시간이 흘러도 사라지지 않으리라."

아라비안나이트의 12일째 밤에 시작하는 '제2의 탁발승 이야기'는 애꾸눈 탁발승이 직접 겪은 신비한 경험담이다. 여기에는 당시 '아라비아 문자를 아름답게 쓰는 것'이 높은 평가를 받고 있었음을 보여주는 다음과 같은 일화가 나온다. 이 탁발승, 본래는 일국의 왕자이나 불행하게도 마법사에 의해 추한 원숭이로 변해버렸다. 그러나 그는 우연히 여행중이던 한 나라에서 문자를 쓸 기회를 얻게 되자 놓칠 수 없다는 듯 타고난 글씨 솜씨를 선보인다. 역시 그의 아름다운 필적은 그 나라의 왕을 매우 기쁘게 하였다. 그리고 그는 원숭이의 모습 그대로 왕의 궁전에서 환대를 받는다. 앞부분에 소개한 구절은 원숭이가 두루마리에 적은 시의 일부로, 인간의 유한한 일생과 시대를 넘어 전해지는 글(문자)과의 대비가 선명하게 드러난다.

현재 중동이라 불리는 지역에는 기원전 약 3천 년 경부터 많은 문자가 생겨났다. 그 중에서도 아라비아 문자는 비교적 새로운 시대(4세기 경)에 등장한 문자다. 그러나 7세기 이슬람의 발흥 이후 이 문자는 아라비아 반도를 넘어 동서로 뻗어나가 일대 아라비아 문자 문화권을 형성하였다. 현재 아라비아 문자는 아라비아어를 공용어로 하는 아랍의 여러 나라뿐 아니라 이란과 아프가니스탄 등 비아라비아어 권에서도 쓰이고 있다.

아라비아 문자가 이렇듯 광범위한 지역으로 확산된 것은 그것이 이슬람과 매우 밀접한 관계에 있었기 때문이다. 이슬람 경전 꾸란은 예언자 무함마드에게 내려진 신의 언어다. 꾸란은 아라비아어로 계시되었고 또한 아라비아어로 외어야 하는 것이었다. 그리고 이 언어를 표기하는 아라비아 문자 역시 신의 언어를 나타내는 것으로 신성시되었다.

무함마드 시대의 꾸란은 주로 입에서 입으로 전해졌으나, 서서히 동물의 뼈, 식물의 잎, 파피루스, 양피지 조각 등에 적은 기록도 늘어났다. 다른 책이 전파되는 것을 두려워한 3대 칼리파 우스만(656년 사망)은 이것들을 하나의 책으로 묶었다. 이후 우스만 판에 기초한 꾸란의 사본 제작이 활기를 띠었다. 이러한 상황 속에서 아라비아 문자도 비약적으로 발전한다. 우선 종이의 보급에 따라 글자체가 변화하고 새로운 서체가 생겨났다. 그리고 이븐 무라크(940년 사망)를 비롯한 역대의 서가에 의해 각 서체가 정비되어 규범과 체계를 갖춘 문자예술로서 아라비아 서예(이슬람 서예)가 개화하였다.

물론 우상숭배를 금하는 이슬람 세계에서 종교적인 조각과 회화가 기피되었던 점도 서예 주가를 높일 수 있는 요인의 하나라고 하겠다. 이슬람의 예배당인 모스크에서 우리 눈길을 끄는 것은 연속적인 식물 문양, 기하학 문양, 그리고 아라비아 문자를 사용한 우아하고 아름다운 장식이다.

각 지방에서 독특한 서체와 색채를 발달시키면서 풍부한 변화 무쌍함을 지닌 아라비아의 서도. 현대의 아라비아 서예가들도 그 전통을 계승해 나가는 한편 다른 문자의 서예나 다른 예술로부터 영감을 받으며 다채로운 창작활동을 벌이고 있다. ── S.N

아라비아 문자와 알파벳

아라비아 문자는 북서 셈 문자의 하나로 페니키아 문자, 아람 문자, 나바테아 문자를 거쳐 4세기경 탄생하였는데, 그 후 수세기를 거치면서 형태가 갖추어졌다. 문자 수는 28개, 오른쪽에서 왼쪽으로 쓴다. 같은 아람 문자에서 발전된 히브리 문자, 시리아 문자와는 가까운 관계에 있다.
기원을 찾아 거슬러 올라가면 팔레스타인에서 출토된 기원전 17세기의 비문에 보이는 카난 문자에 다다른다. 이것은 알파벳, 즉 유한 개수의 표의문자로서 언어를 기술하는 문자체계의 시작이기도 하다. 이 문자로부터 히브리, 시리아, 아라비아 각 문자 외에도 남쪽 셈 계통 언어인 에티오피아 문자, 셈 계에 속하지 않는 그리스 문자와 라틴 문자 등 현존하는 다양한 알파벳이 생겨났다. ─────── S.N

111
토라(히브리어 · 히브리 문자)
19~20세기, 이스라엘
토라란 구약성서 첫머리의 창세기, 출애굽기, 레위기,
민수기, 신명기로 구성된 부분. 모세 5경이라고도 불린다.
유대 가르침의 근거다.
히브리 문자가 적힌 양피지 두루마리가 은으로 만든 통에 들어 있다.

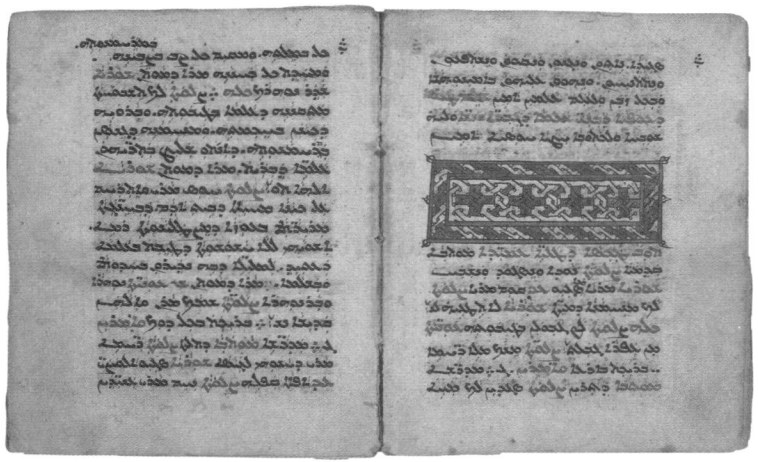

112
성서이야기(고전 시리아어 · 시리아 문자)
17~18세기, 이란 · 이라크
시리아 문자는 시리아어를 전례어典禮語로 하는 기독교도에 의해
이용된 문자. 가장 오래된 에스트란젤로 서체,
셀트 서체(서방 야곱파가 사용), 네스토리우스 서체(동방
네스토리우스파가 사용)의 3종류의 서체가 있다.
이것은 네스토리우스 서체로 적힌 것이다.

113
에스더서 두루마리(히브리어 · 히브리 문자)
18~19세기, 북아프리카
에스더서는 구약성서의 한 장으로,
페르시아 왕 크세르크세스의 유대인 왕비 에스더가
왕의 신하가 꾸민 책략으로부터 유대인을 구하는 이야기.
여기에서 비롯된 부림절의 시나고그에서는
예배 후 이러한 두루마리를 가지고 에스더서를 낭독한다.
사슴가죽으로 만듦.

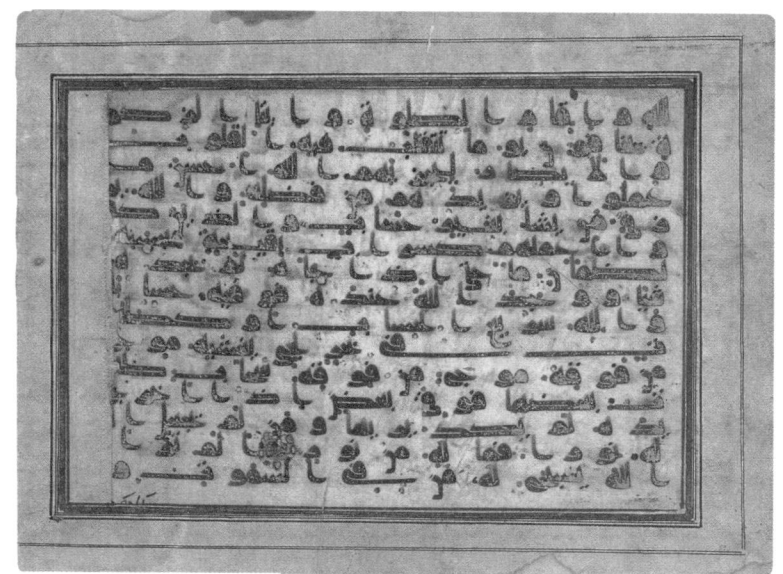

114
꾸란의 종이 조각(아라비아어 · 아라비아 문자)
10세기?, 제작지 불명
제24장(빛의 장)의 일부.
9세기~10세기에 즐겨 이용되었던 초기 쿠파 서체로 적혀 있다.
쿠파 서체는 많은 아라비아 문자 서체 가운데
비교적 이른 단계에 성립하였다.
직선과 원 등 기하학적 형상이 특징이다.
건조물의 장식에도 자주 쓰인다.

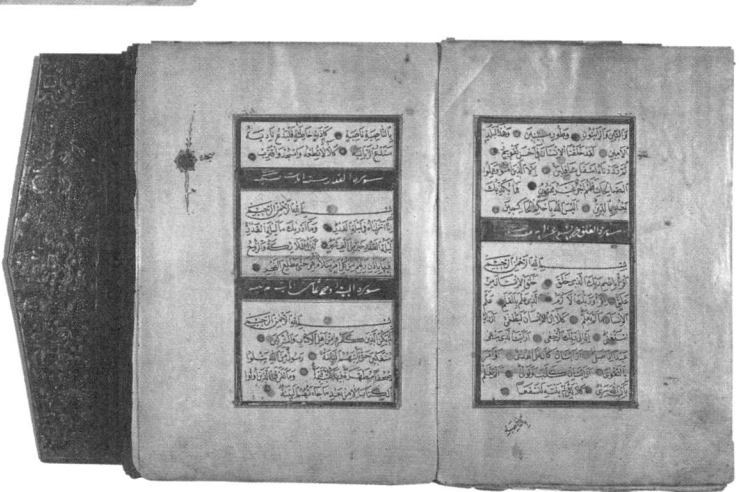

115
꾸란 사본(아라비아어 · 아라비아 문자)
19세기, 제작지 불명
'필사筆寫'를 의미하는 나스프 서체로 적혀 있다.
이 서체는 말 그대로 종이의 보급 이후
꾸란의 필사에 가장 많이 이용되었다.
현재 인쇄물에도 쓰이고 있는 일반적인 것이기도 하다.
쿠파 서체에서 발전한 서체이지만
자연스러운 원 모양을 그리며 적는다.

116
꾸란 사본(아라비아어 · 아라비아 문자)
18~19세기?, 북서 아프리카
마그레브 서체의 일종인 수단 서체로 적혀 있다.
마그레브 서체는 서쪽으로 전파된 쿠파 서체에서 갈라져 나와 발전하여
아프리카 북서부와 내륙부, 이베리아 반도 등에서 사용되었다.
아프리카 내륙부에 보급된 스타일을 특히 수단 서체라고 부른다.

117
전통 잉크의 원료
현대, 이집트, 일부 개인 소장
위에서부터 왼쪽으로 돌아가며 숯검댕,
몰식자(沒食子, 너도밤나무나 떡갈나무에 생기는 벌레혹. 소아시아, 시리아, 이란 등지가 주산지임),
아라비아고무. 잉크에는 크게 2종류가 있다. 하나는 숯검댕이나 재를 물에 녹인 카본 잉크,
다른 하나는 몰식자에서 채취한 타닌과 유산철을 반응시킨 타닌산철 잉크.
아라비아고무는 결합제로 같이 넣는다.

118
붓(카람)
현대, 개인 소장
서예가가 대나무를 깎아 만든다. 무함마드에게 내려진 최초의 계시라고 하는
꾸란 응혈의 장(제96장)에는 "너의 주님은 가장 관대하신 분이시니,
붓으로 가르침을 주시어 인간에게 모르는 것을 가르쳐 주셨느니라"라는
부분이 있다. 이슬람에서 '붓으로 글씨를 쓰는 것'은
인간이 신으로부터 받은 기술이다.

문자를 둘러싼 기술과 미술

이슬람과 함께 광범위한 지역에 뿌리를 내린 아라비아 문자. 각지에서 활발히 진행되었던 사본의 제작에는 서가를 비롯한 장인들의 기술이 빛났다. 글자 상태의 좋고 나쁨을 결정하는 붓(카람)은 서예가가 직접 만드는데, 서체에 따라 붓의 굵기나 붓 끝의 형태를 바꾸기도 했다. 그 밖에도 농도와 퍼짐이 좋은 잉크의 조합, 채색와 삽화, 제본 등 아라비아 문자 사본에 관한 기술과 미술은 각 지역의 민족적 전통을 받아들이며 크게 발전했다. 아라비아 문자가 책에만 이용되었던 것은 아니다. 그 용도는 매우 다양했다. 건축물과 생활 용품의 장식으로, 또한 부적과 효험 있는 주술 도구로 아라비아 문자는 다양한 소재에 새겨지고 짜여왔다. ── S.N

119
붓통
19~20세기, 이란
이란에서는 19세기에서 20세기에 걸쳐
이러한 서랍식의 목제 붓통이 자주 쓰였다.
다양한 무늬를 넣고 니스를 칠하여 마무리한다.

120
붓통
19~20세기, 터키
터키에서 사용된 붓통에는 잉크병과 인장이 달린 놋쇠로 만든 것이 많다.
잉크병에는 견사를 넣어 붓에 묻는 잉크의 양을 조절한다.

121
주술 대접
12~14세기, 이집트·시리아, 개인 소장
12세기 후반에서 14세기 전반 사이에 이집트 혹은
시리아에서 제작된 것으로 추정된다.
전갈이나 뱀에 의한 중독, 광견병, 난산에서의
회복을 기원하는 물건으로, 이것으로 물, 기름, 우유를
마셨을 가능성도 있다. 대접의 표면에는 꾸란의 경구와 대접의 효능을
기록한 아라비아 문자, 뱀과 전갈 등의 그림이 새겨 있다.

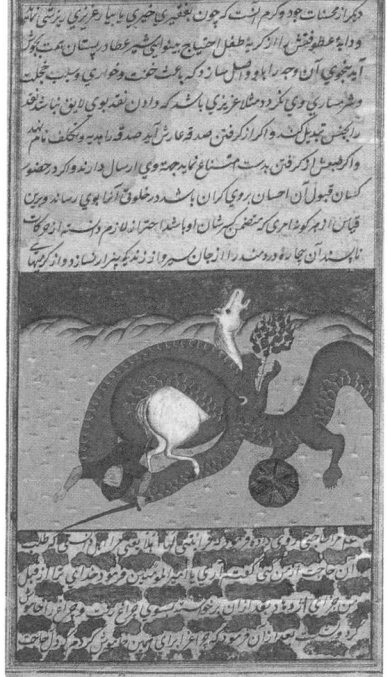

122
페르시아 사본 회화
제작년도 불명, 이란
우상숭배를 금한 이슬람에서는
종교적인 장면에서 인물·동물화의 사용은 기피되었다.
그러나 서사시나 이야기 문학 등의 문학서, 과학서에는
인간과 동물이 그려진 삽화(사본 회화)가 상당 수 첨가되었다.
특히 이란에서는 이러한 회화가 발달하여 터키와 인도에 영향을 주었다.

123
예배용 페르시아 융단
1950년대, 이란
융단의 주위에는 다각형의 테두리가 쳐진 페르시아어 명문이 전부 16개가
배치되어 있다. 이는 모두 같은 문체로, 14세기의 페르시아 시인 하피즈의
서정시에서 인용한 것이다. 이 중 6개는 좌우가 거꾸로 된 경镜문자다.

칼럼

일본에 전해진 아라비아 문자

나카미치 시즈카
中道靜香

일본에 유입된 아라비아 문자의 효시로서 동양사나 중동문학 연구자에 의해 여러 번 언급되어 왔던 것이 '남번南蕃문자'라고 하는 나뭇잎으로 된 한 장의 종이조각이다. 이것은 가마쿠라 시대인 1217년, 송에 건너간 천태 승려 케이세이慶政가 당시 번성하던 무역항 취안저우泉州에서 3명의 외국인과 만나 그들에게 받은 글씨다. 거기에는 아라비아 문자 8줄이 씌어 있었는데, 케이세이는 이것을 인도의 경문이라 믿고 친분이 있던 묘에明惠에게 줄 선물로 가져왔다. 그러나 그것은 경문이 아니라 사실은 시베리아의 시였다. 이 종이조각에 관한 지금까지의 연구에 따르면, 일부는 「비즈와 라민」 및 「왕서」라는 페르시아 서사시에 나오는 시구와 거의 동일한 것으로 판명되었다. 또한 이것을 쓴 사람도 승려가 아닌 페르시아 상인이었을 것으로 추측된다. 이것은 일본인이 우연히 외국에서 가지고 들어온 최초의 아라비아 문자라고 할 수 있다.

시간이 흘러 에도 시대가 되면 일본에 머물고 있던 외국인이 쓴 아라비아 문자의 기록을 발견할 수 있다. 그러나 이것은 페르시아 인도 아랍 인도 아닌 말레이 인이 쓴 것이었다. 이것을 손에 넣은 것은 나가사키 히라도번平戶藩의 번주藩主였던 마츠라 세이잔松浦靜山이었다. 1786년 당시 네덜란드의 상관장(商館長, 외국 상인의 영업소의 책임자)이었던 카스발 롬베르프에게 명하여 그의 수행원이었던 바타비아(현재의 자카르타) 근교 출신의 청년에게 쓰도록 한 것이다. '滿黎意思烈的廬(마레이스테이루)'라는 제목이 붙어 있는데, 즉 '말레이 문자'라고 불리는 이 문자는 오늘날의 분류로 보면 쟈위 문자에 해당한다. 쟈위 문자는 이슬람 전래 이후 14세기부터 19세기에 걸쳐 인도네시아와 말레이시아에 분포하고 있었던 무라유어(말레이어)의 표기에 사용된 아라비아 문자다. 아라비아어 표기에 이용되는 기본 28자와 보조기호, 그리고 무라유어 표기를 위해 추가된 문자가 기록되어 있다. 가장 아랫단에는 이를 적은 인물인 도르의 서명도 있다. 문자에는 치졸한

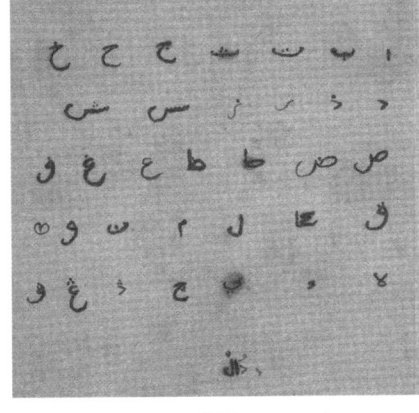

125
「마레이스레테루滿黎意思烈的廬」
1786년, 국립과학박물관 소장

부분도 보이나 인도네시아에서 아득히 먼 일본으로 건너온 젊은 청년 도르의 애교로 보아주어야 할 듯하다.

에도 후기에는 마침내 일본인이 쓴 아라비아 문자가 등장한다. 미토번水戶藩의 유학자인 후지타 유코쿠(藤田幽谷, 1774~0826)·도코(東湖, 1805~1855)는 『군서초출 만국문자고群書抄出 萬國文字攷』라는 세계 문자에 관한 책을 집필하였는데. 거기에서 아라비아 문자를 '회회자回回字'로 소개하고 있다. 각 아라비아 문자의 독립적인 자음과 모음, 한어漢語에 의한 이름의 표기, 그리고 일관성은 없으나 일부 음가에 관한 기술도 보인다. 흥미로운 것은 아라비아 문자에 '하네(はね)'나 '하라이(はらい)' 같은 일본 글자가 들어가 있다거나 분명히 히라나와 가타가나를 흉내 낸 자음과 모음이 보인다는 점이다(예를 들면 'う(우)', 'の(노)', 'ク(쿠)', 'ノ(노)' 등). 이는 일본 문자의 필터를 통해 아라비아 문자를 조망했음을 말해주는 것이라 하겠다.

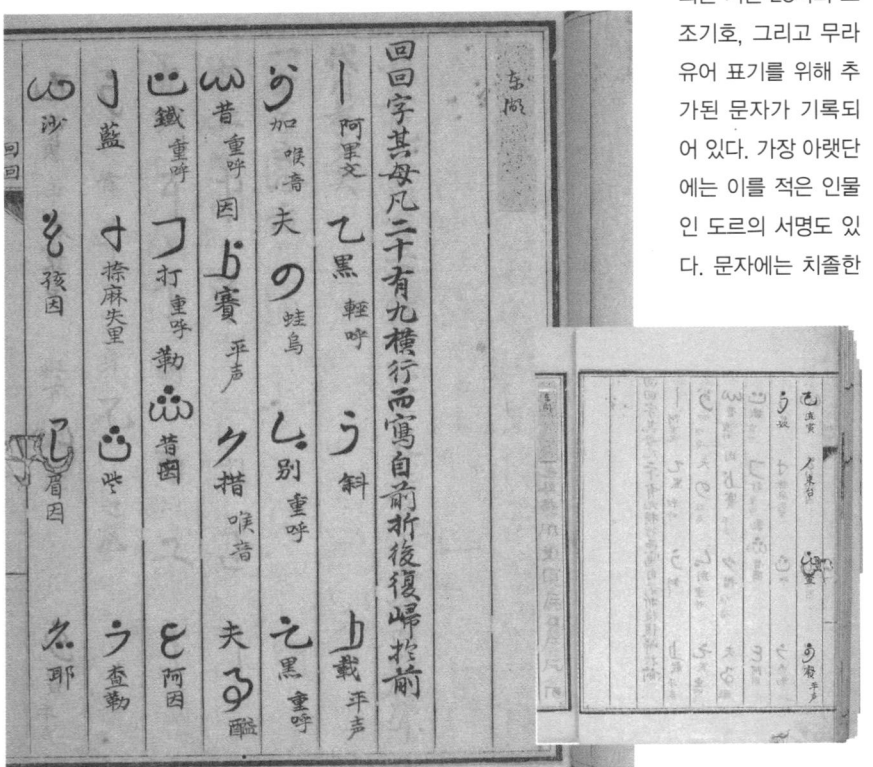

124
『군서초출 만국문학고群書抄出 萬國文字攷』
후지타 유코쿠·후지타 토코 저, 19세기 초엽.

제3부

아라비안나이트 엔터테인먼트

아라비안나이트는 누구나 알고 있는 판타지로서 각종 미디어로 끊임없이 재생되고 있다. 미술작품, 무대, 영화, 만화, 게임 등의 매체를 통해 확장 또는 변용된 아라비안나이트에는 무한한 가능성이 있다. '판타지'라는 베일에 감춰진 이야기가 잘못된 타자他者의 이해를 낳기도 한다. 그러나 이 훌륭한 이야기는 이문화異文化를 이해하는 데 둘도 없는 안내서가 되기도 한다. '21세기의 아라비안나이트 프로젝트'에 의한 몽키 펀치판 아라비안나이트의 공동제작에서는 아라비안나이트의 새로운 가능성을 추구한다.

삽화에서
예술로

이슬람 세계의 사본의 삽화는 전통적으로 몇 번이고 (설령 다른 텍스트를 가진 사본이라도) 같은 구도의 삽화가 그려지는 일이 많았다. 그와 같은 사본예술 중에서 아라비안나이트의 삽화와 관련이 있는 작품은 극히 드물었다. 그러나 1704년에 갈랑이 이 작품을 세계에 알린 후 약 300년 동안 서구세계는 텍스트를 개정改訂하는 것만으로는 만족하지 못하고 늘 새로운 시각세계를 전개하고자 했다.

여명기의 작품은 인쇄상의 제약으로 인해 목판과 동판으로 인쇄된 삽화가 페이지와 페이지 사이에 끼워 넣어졌다. 이런 그림의 대부분은 똑같은 것이거나 본문에 한 두 장 정도 들어가는 것이 고작이었는데, 이것과는 별개로 애초부터 어린이를 위해 만들어진 '춉 북'이라 불리는 값싼 그림책에도 신드바드나 알라딘의 이야기가 종종 채택되었다. 19세기, 나폴레옹의 이집트 원정으로 사람들의 관심이 한순간 중동으로 쏠리게 됨에 따라 '오리엔탈리즘 회화'라는 특이한 회화 장르가 탄생되었다. 또한 목구목판木口木版이라는 새로운 인쇄기술로 인해 본문과 같은 페이지에 삽화가 들어갈 수 있게 되었으며, 수백 수천 장이 넘는 삽화가 한 권의 책에 수록될 수 있게되었다.

한편 19세기 전반에는 아라비아어 원전이 인쇄본으로 등장함에 따라 새로운 번역본도 잇달아 출판되었다. 이와 같은 일련의 변화는 새로운 타입의 아라비안나이트 삽화를 탄생시켰다. 그때까지 서양화가의 상상에 머물러 있었던 아라비안나이트의 시각세계는 이때부터 중동의 생활양식과 풍습에 대해 보다 정확한 묘사를 보여주는 삽화로 발전해 간다. 19세기 후반이 되면 오리엔탈리즘뿐 아니라, 일본미술의 영향을 받은 삽화도 현저하게 나타났는데, 그 중에서도 본래 중동이 무대인 알라딘의 이야기에는 쟈포니즘(Japonism, 일본적 기풍, 일본인 기질. 19세기 서양 미술계에 불어닥쳤던 일본 회화의 열풍)의 특징을 보이는 삽화가 즐겨 그려졌다. 20세기에 들어와서는 컬러 옵셋 인쇄기술이 등장하여 삽화의 황금시대를 맞이하게 된다. 라캄을 비롯한 이 시대의 삽화가들은 모두 아라비안나이트의 삽화를 그렸다. 그 중에서도 에드먼드 듀

락은 아라비안나이트의 삽화 3부작을 시작으로 성공을 거두었다. 전후戰後에는 삽화뿐 아니라 유명 화가들의 유채화 작품이나 콜라쥬 작품이 탄생하였으며, 지금도 현대 일러스트레이터들에게 마르지 않는 상상력의 원천이 되고 있다. ─── K.K

126
오브리 비어즐리 그림, 「알리바바」 퍼즐
1988년, 일본 주식회사 비버리, 개인 소장
아르누보 양식을 대표하는 화가 오브리 비어즐리(1872~1898)가 그린 「알리바바와 40인의 도적」의 표지 디자인(1897년 간행). 그는 「숲 속의 알리바바」의 삽화를 한 장 더 그렸다.

여명기

이슬람 세계에서 갈랑의 번역 이전에는 전통적인 삽화가 거의 제작되지 않고 있었기 때문에 사실상 아라비안나이트 삽화의 역사는 영역판에 삽화가 처음으로 들어간 1706년부터 시작되었다고 볼 수 있다. 갈랑이 번역한 초판은 삽화가 없는 대신 식물이나 정물靜物 모양의 작은 장식이 페이지 한쪽 여백에 들어가 있었다. 한편 영국 및 미국에서 출판된 어린이용 그림 동화책, 이른바 좁 북에는 신드바드나 알라딘의 이야기가 자주 선택되었다. 본격적으로 화가의 손에 의해 그려진 아라비안나이트의 삽화는 「요정문고」에 그려졌던 마릴리에의 작품이다. 이와 같은 19세기 초엽의 삽화는 본문과는 별도로 인쇄되고 삽입된 '브로드사이드'라 불리는 에칭 또는 목판화였다. ─── K.K

128
『아라비안나이트』
에드워드 포스타 역, 로버트 스머크 그림, 1802년, 런던
영국 최초의 본격적인 아라비안나이트 삽화.
포스터 판으로 제작된 것인데
조나단 스콧도 이 그림을 마음에 들어 하여 채용하였다.
본 작품은 「거울 상자의 미녀」를 그린 것.

127
『천일야』(「요정문고」 수록)
A. 갈랑 역, P. C. 마릴리에 그림, 1785년, 제네바
요정문고 41권 중 9권이 아라비안나이트를 다루고 있다.
이름 있는 전문 화가가 처음으로 그린 아라비안나이트 삽화.
「카마르 알 자만과 부두르 공주 이야기」를 그린 것.

129
『신드바드 이야기』
역자·화가 불명, 1819년, 글래스고
「신드바드와 바다 노인」의 장면. 어린이용 좁 북.
본 작품 외에 런던의 뉴베리 판에도
서양풍의 신드바드는 계속 그려졌다.

오리엔탈리즘의 융성과 기술혁명

1798년에 시작된 나폴레옹의 이집트 원정으로 인해 서양인의 관심은 일시에 중동으로 집중되기 시작했다. 이를 단적으로 보여주는 것이 이른바 '오리엔탈리즘 회화'의 존재다. 또한 19세기 전반 이후 인쇄본으로 등장한 브라크의 번역본과 같은 이집트계 아라비아어 원전(ZER)을 바탕으로 한 새로운 번역본이 잇달아 출판되었는데 번역본의 저자 중 한 명인 레인은 삽화 작업에도 깊이 관여하였다. 그 때문에 그의 번역본에는 중동의 생활양식과 풍습이 정확하게 묘사되어 있다. 삽화사적 측면에서는 목구목판에 의한 기술혁명이 커다란 성과를 가져다 주었다. 이 기술로 인해 본문과 같은 페이지에 삽화가 들어갈 수 있게 되었고, 수백 수천 장이 넘는 삽화가 한 작품에 수록될 수 있게 되었다. ──── K.K

130
『천일야화』
E. W. 레인 역, 윌리엄 하비 그림, 1839~41년, 런던
'신드바드와 식인 거인'을 그린 장면. 이 작품은 처음으로 번역자가 삽화를 감수하고 화가에게 지시한 결과, 중동의 풍속이 정확하게 묘사되었던 것으로 유명하다. 기법은 목구목판.

131
『천일야화』
A. 갈랑 역 구스타프 도레 그림, 1865년, 파리
'죽은 아내와 함께 순장된 신드바드'를 그린 장면. 이 갈랑의 번역본에는 여러 명의 화가가 참여하고 있는데, 도레가 그린 신드바드의 삽화는 전 페이지가 목구목판으로써는 모두 대판大케이다.

버턴 판 아라비안나이트를 위한 오리지널 삽화 70점 중에서

132
『천일야의 서』
R. F. 버턴 역, 장 레옹 제롬 그림, 1903년,
런던 버턴 클럽 오사카외국어대학 소속 도서관 소장
'터키 목욕탕 또는 무어 욕장'. 버턴클럽 판에는 레치포드, 라로우즈 외에도 오리엔탈리즘 회화를 대표하는 제롬의 작품도 삽화되어 있다. 원화는 유채. 1870년 제작. 제롬은 레치포드의 스승의 한 사람이었다.

133
「어부 압둘라와 인어 압둘라」
알버트 레치포드 그림, 1897년, 런던
레치포드의 원화 70장은 유채화이나 본 자료는 콜로타입으로 인쇄한 것이다. 인어(바다의 압둘라)와 만난 어부 압둘라를 그린 이 화면의 배경은 나폴리 만의 풍경을 그린 것이다.

134
「달지엘 형제의 삽화로 보는 아라비안나이트」
아서 허튼 그림, 1864년, 런던
달지엘 형제판 삽화의 주도적 화가는 허튼이었다. 그는 오리엔트 세계, 특히 인도에 조예가 깊었는데, 「칼리프의 사자(알라딘과 요술 램프)」를 그린 이 작품에서도 그 영향을 찾아볼 수 있다.

135
「알라딘과 요술램프」
월터 크레인 그림, 초판, 1875년, 런던
「마법사의 죽음」. 이 작품은 중국과 일본의 풍속이 혼재되어 있을 뿐 아니라, 강한 윤곽선, 평탄한 색채, 화면 구석의 인장과 비슷한 표상 등, 일본의 우키요에로부터 현저한 영향을 받았음을 보여주고 있다.

19세기 후반
─ 쟈포니즘과 아르 누보 ─

1874년 제 1회 전람회가 개최되었던 '인상파' 탄생의 배경에 우키요에(浮世繪)로 대표되는 일본 미술의 유행이 있었다는 사실은 이미 아는 바와 같다. 아라비안나이트의 삽화 화가들에게도 마찬가지의 경향이 나타났다. 특히 원작에서 중국을 무대로 한 「알라딘」의 이야기에는 쟈포니즘의 특징을 보여주는 삽화가 즐겨 그려졌다. 또 우키요에(浮世繪, 14세기부터 19세기에 걸쳐 일본의 서민생활을 기조로 하여 제작된 회화의 한 양식. 일반적으로는 목판화를 뜻하며 그림내용은 대부분 풍속화이다) 판화의 강한 윤곽선과 콘트라스트를 채용하여 곡선을 많이 사용하는 아르 누보 양식을 따른 삽화도 세기말에 많이 그려졌다. 빅토리아 왕조의 유명화가들이 참가한 달지엘 판 아라비안나이트에는 테니엘이나 J. E. 밀레의 이름도 함께 들어 있으나, 200장을 넘는 삽화의 대부분은 A. 허튼과 T. 달지엘이 그렸다.

136
마르드류스 판 「천일야화」,
E. 포위스 마더스 역, 로데릭 맥리 그림,
1923년, 런던 카사노바 협회
「흑단의 말」. 마더스에 의한 마르드류스판의 영어번역은 카사노바 협회에서 사가판(私家版)으로서 한정 출판되었다. 특장판에 한하여 맥리의 삽화가 채색되었다.

20세기 후반
— 삽화 황금시대 —

20세기로 접어들면서 오프세트 인쇄술의 등장과 함께 삽화에도 다양한 색채가 사용된다. 호화로운 컬러 삽화가 들어간 그림책은 가장 좋은 크리스마스 선물로 인식되어 그 수요는 절정에 달했다. '삽화의 황금시대' 라고도 할 수 있는 이 시기를 대표하는 삽화화가들—아더 라캄과 로빈슨 형제 등—은 함께 모여 아라비안나이트의 삽화를 그렸다. 그중에서도 에드몬드 듀락은 아라비안나이트의 삽화 3부작을 시작으로 성공을 거두었다. 그의 작품에는 이슬람세계 사본 삽화의 요소가 항상 도입되어 있었으며, 그 후의 아라비안나이트 삽화는 한동안 그의 양식을 따랐다. 영국이나 프랑스뿐 아니라, 독일, 러시아 그리고 미국에서도 아라비안나이트의 삽화는 최고의 인기를 누렸다.

K.K

137
『선원 신드바드와 아라비안나이트의 다른 이야기』
에드몬드 듀락 그림, 1914년, 런던
『눈뜨고 자는 사람』 중, 아부 하산을 위해 마련된 과일의 삽화.
앞서 출판되었던 두 개의 작품으로 이미 아라비안나이트 화가로서
성공을 거두었던 듀락의 세 번째 작품.
페르시아 사본 삽화의 영향이 현저하게 나타나 있다.

138
『아더 라캄의 동화』
아더 라캄 역 · 그림, 1933년, 런던
듀락과 어깨를 나란히 하는 황금시대의 삽화 화가 라캄의 동화집에
는 선원 신드바드 외에 아라비안나이트의 이야기가 실려 있다.
이 작품은 '신드바드와 바다 노인' 을 그린 것.

139
『천야일야의 서(書)』
J.C. 마르드뤼스 역, 레옹 칼레 그림, 1926~1932, 파리
「샤푸리야르 왕과 셰헤라자네」
화면 구성은 뒤락과 마찬가지로 페르시아의 세밀화를 모방했다.
소품(물담마나 모스크 램프 등)도 정확하게 묘사되고 있다.

140
『아라비안나이트 요정 이야기』
윌리엄 히스 로빈슨 그림, 1899년, 런던
표지 그림. 히스와 찰스의 로빈슨 형제는 함께 아라비안나이트 삽화 작업을 했다.
이 작품은 테두리를 대신한 천사와 덩굴 삽화의 아름다움에서도 뛰어나다.

141
『아라비안나이트』
르네 불 그림, 1912년, 런던
『검은 섬 왕자 이야기』 파랑을 기조로 한 르네 불의 그림은
초기의 듀락(아라비안나이트 첫 번째 작품)의 그것과 일치하는 점이 많다.
그의 아라비안나이트 삽화에는 모노크롬 선묘화線描畵 소품도 포함된다.

142
『와크 와크 섬』
막스 즐레포그트 그림, 1921년, 베를린
마녀가 날개를 빼앗아 돌아가는 장면을 그린 것.
독일 표현주의 화가 막스 즐레포그트의 작품.
이 이야기는 '비소라의 하산' 이야기를 바탕으로 하고 있다.
즐레포그트에게는 모두 3권의 아라비안나이트 작품이 있다.

143
『천야일야 이야기 러시아어』
M. A. 살리에 엮음, N. A. 우신 그림,
1933년, 레닌그라드 상트 페테스부르크
『신드바드와 로크 섬』 살리에 판은 우신의 삽화에 의해 알려졌다.
그의 아라비안나이트 작품은 이슬람 세계에서 그려졌던
사본 삽화의 구도를 기본으로 하고 있다.

95

칼럼
샤갈의 리트그라프

고바야시 카즈에
小林一枝

독특한 색채 감각으로 세계의 마음을 사로잡은 예술가 마르크 샤갈(1887~1985). 샤갈의 작품에서 유채화뿐 아니라 삽화가 한 역할은 크다. 특히 「죽이는 귀신」 「우화」 「성서」의 세 작품(「우리 사랑」을 포함하면 4연작)은 그의 판화 작품의 백미로 알려져 있다. 그러나 그의 아라비안나이트 삽화는 그 이전의 작품과는 일선을 긋는다. 그도 그럴 것이 그로서는 그것이 최초의 컬러 리트그라프이기 때문이다. 그렇다. 샤갈의 판화에 본격적으로 색채가 들어간 것은 바로 아라비안나이트를 모티브로 하여 제작되었던 작품이었다(1946~1948). 이후, 컬러 리트그라프에 의해 연작 「서커스」 「창조」 등 많은 작품이 제작되었다.

19세기까지의 아라비안나이트 삽화를 유심히 살펴보면, 화가의 서명 이외에 「del 아무게」라는 조공이나 세공의 이름이 새겨진 작품을 다수 발견하게 된다. 그것은 판화기법이 에칭이든 횡단면 목판이든 화가가 직접 작품을 조판하지 않고 밑그림만을 그리는 것이 일반적이었기 때문이다. 당연한 일이지만 이 분업화는 작품에 대한 불만족을 낳는다. 이처럼 자신이 머릿속에 그린 작품을 직접 마무리하고 싶어 하는 욕구는 리트그라프(석판)라는 방법에 의해 해결되었다.

이미 1875년에 영국의 화가 월터 크레인(Walter Crane, 1845~1915)이 「알라딘」과 「알리바바」 이야기에 리트그라프 삽화를 제작했다. 크레인의 작품은 종전의 아라비안나이트 삽화 사상 대단히 드문 '오리지널 판화'(디자인, 제판, 인쇄의 모든 과정을 직접 혹은 감독 하에 작업한 판화)라는 점에서 주목받는다.

그러나 똑같은 '오리지널 판화'임을 강조하는 샤갈의 삽화는 그로부터 반 세기를 더 지나서야 출판된다. 그 사이에 컬러 인쇄 기술은 현격히 진보되어 옵셋 인쇄술의 등장이 그림의 대량 생산을 가능하게 하고 20세기 초엽의 삽화 황금시대를 개막하게 했다.

이때까지도 샤갈은 흑백 에칭 작품에서는 자신이 직접 제판 작업을 했다. 그러나 1946년 회고전을 위해 뉴욕의 근대미술관을 방문했던 샤갈이 프랑스 귀국 후 바로 착수했던 작업은 더 이상 동판이 아닌 리트그라프 용 석판 혹은 아연판이었다. 피카소와 샤갈은 우연히도 같은 시기에 리트그라프와 만났다. 샤갈은 피카소보다 몇 개월 늦게 샤브롤 마을의 무르로 형제의 판화공방에서 직인들의 팀에 가담하여 리트그라프 제작을 시작했다. 피카소와 샤갈, 이 두 거장이 리트그라프에 착수했을 즈음 그들에게 커다란 영향을 끼쳤던 것은 말할 것도 없이 툴루즈 로렉스의 작품이었다.

1948년에 출판된 『아라비안나이트로부터의 네 가지 이야기』에는 ― 1부터 90까지의 번호를

144

144
『아라비안나이트』에서 나온 네 가지 이야기
마르크 샤갈 그림, 1948년 제작년 1946~48년, 리트그라프 Ed.V/10 고치高知현립미술관
그리고 나서 노파는 이프리트의 등에 올라 딸을 뒤에 태웠다…
「바다에서 태어난 쥬르나르와 그 아들 페르시아 왕 바드르 바심」 중

145
흑단의 말에 걸터앉자, 그는 그녀를 말에 태우고 강한 줄로 꽉 옭아맸다…
「흑단의 말 이야기」 중

146
그때부터 왕은 속으로 생각했다.
'알라신께 맹세컨대, 그녀의 이야기가 모두 끝날 때까지 그녀를 죽이지 않을 것이다'.
「세헤라자데의 밤」 중

145

매긴 90부에는 12장의 리트그라프가, A부터 K까지의 알파벳 기호를 매긴 11부에는 13번째의 삽화를 포함한 1부터 13까지의 모든 리트그라프가 수록되어 있다. 수록된 I부터 X까지의 번호(로마 숫자)가 매겨진 10부는, 전자와 똑같이 13번째 작품이 수록된 특장판으로 10부에는 각 작품의 인쇄 166장이 수록되어 있다. 단계 인쇄를 제외하고 모두 작자의 서명이 새겨 있다. 겉은 리본을 단 두꺼운 종이 케이스에 들어가 있으며 표지도 겹 표지로 되어 있다. 또한 컬러 리트그라프 외에 간단한 설명문과 흑백의 삽화(선화線畵의 동판인쇄)도 들어 있다.

단계 인쇄 166장에서 이들의 석판화가 6~8단계의 인쇄를 거쳤음이 판명되었다. 그 내용은 「카마르 알 자만과 보석상인 아내(1~3)」「바다에서 태어난 쥬르나르와 그 아들 페르시아 왕 바드르 바심(4~7)」「어부 압둘라와 인어 압둘라(8~9)」「흑단의 말 이야기(10~12)」와 마지막 13번째 작품 「세헤라자데의 밤」(모두 원제임)으로 구성되었다. 샤갈이 선택한 이 네 가지 이야기는 「알라딘」이나 「신드바드」와 같은 꿈과 모험, 마법으로 가득한 작품이 아니라, 모두가 로맨스적인 요소가 농후한 작품이다. 1946년에 프랑스 서적을 출판했던 미국의 판테온 북스사로부터 아라비안나이트의 삽화 제작 의뢰를 받았을 때 그는 사랑하는 아내를 병으로 떠나보낸 지 2년이 지나 있었다. 상심한 나머지 잠시(약 10개월 간) 제작 활동을 접었던 샤갈이지만, 죽은 아내 벨라에 대한 사랑의 추억 때문이었는지 이 작품에서 다시 껴안고 있는 연인들을 그리기 시작했다.

한편, 13번째 「세헤라자데의 밤」에 그려진 새나 12번째의 「흑단의 말 이야기」에 그려진 말처럼 개개의 그림에는 얼핏 내용과 관계없는 모티브가 많이 그려져 있다. 샤갈의 모든 작품을 채우고 있는 이들 숫소와 암컷 새, 양, 당나귀, 말, 개 등의 모습은 샤갈이 소년 시절을 보낸 비테부스크(지금의 벨라루시)의 풍경과 향수로 보여진다. 샤갈은 "문학과 나의 예술 사이에는 아무런 관계가 없다. 문학적 테마의 영향도 상징주의의 암시도"라고 말한다. 어쨌든, 샤갈의 아라비안나이트는 이 책을 읽고 있는 독자에게나 전혀 내용을 알지 못하는 사람에게나 그 풍부한 색채, 사랑과 환상의 세계를 충분히 맛볼 수 있게 하는 작품임에는 틀림없는 듯하다.

146

일본인의 중동 환상

근대 이전의 일본인은 처음에는 중국, 후에는 유럽을 경유하여 간접적으로 중동 세계의 정보를 접해왔다. 18세기 초엽에 간행되었던 세계지리서와 백과사전에는 「하시(波斯, 페르시아)」「타지(大食, 아라비아)」 등의 중국을 경유한 정보와 「하르시아」「아라비야」「트루카」와 같은 유럽에서 유입된 비교적 새로운 정보가 혼재되어 있다. 거의 같은 시기에 만들어진 「만국인물도萬國人物圖」에는 중동 세계 사람들의 조금은 유형화된 그림이 들어가 있으며, 1821년에 건너온 낙타는 '아라비아 국의 메카 산 품종'으로 알려져 사람들에게 강한 인상을 심었다(1868~1912).

이 설화집이 일본에 소개된 것은 메이지 초기 이후, 모두가 영어 불어 독일어 등 유럽어로 번역된 것을 초역·완역하거나 번안하는 형태로 이루어졌다. 메이지 시대에는 나가미네 히데키永峯秀樹의 『놀랍고도 기이한 아라비아 이야기 册開卷驚奇 暴夜物語』과 이노우에 츠토무井上勤의 『전 세계 일대 기서全世界一大奇書』를 필두로, 꽤 많은 초역과 번안물이 간행되었다. 그러나 번역자들의 주안점은 어디까지나 오락과 교훈에 있었으며, 작품의 무대가 되었던 중동 세계 자체에 대한 관심은 거의 없었다.

한편, 메이지 말기부터 다이쇼·쇼와 시대 초기에 이르러 일본의 아라비안나이트는 아동문학과 호색문학으로 분화되어간다. 특히 아동문학의 영역에서 새로운 장을 열고 후세에 커다란 영향을 끼쳤던 것은, 스기타니 타이스이杉谷代水의 『신역新譯 아라비안나이트』였다. 호색문학 분야에서는, 버턴 판 완역이 오야 소이치大宅壯一, 오바 마사시大場正史 두 사람에 의해 각기 전전戰前과 전후戰後에 간행되었으며, 이와나미岩波 문고판의 하나로서 번역된 마르듀르스 판이 있을 정도로 호색문학 쪽으로의 편향을 보였다.

중동에 대한 인식과 관련된 점에서는, 버턴 판과 마르듀르스 판의 번역이 「하렘」「네 명의 아내」와 같은 상투적인 제목과 더불어 '분방한 애욕과 관능적 세계로서의 중동'이라는 해석 방식을 일반에게 보급시키는 데 크게 공헌했다 하겠다. 한편, 학술적 색채가 강한 레인 판을 주석과 함께 정성껏 번역한 모리타 소헤이森田草平는 그것을 민속 연구나 아랍 문학 연구의 자료로 활용하고자 했다. 이러한 학술적 관심은 전후 아라비아어 원전의 번역을 완성한 마에지마 신지前嶋信次 등의 과업으로 계승된다.

번역본은 또한 많은 삽화 화가들이 활약하는 무대이기도 했다. 몇몇 삽화를 제외하면, 화가들은 유럽어 본역본에 실린 작품을 그대로 모사하거나 전사하는 경우가 많았다. 특히, 스기타니 타이스이의 번역서에는 영국을 대표하는 삽화 화가들의 작품이 가득 실려 있어, 이후의 2차적 인용이나 모방의 원천이 되었다. 한편, 무라야마 토모요시村山知義와 하츠야마 시게루初山滋, 후키야 코지蕗谷虹兒 등은 각기 독자적인 화풍을 개척하여 잊혀지지 않는 훌륭한 작품을 남겼다. ─── H.S

147
세계 명작동화 전집2 『아라비안나이트 선원 신드바드』
구메 겡이치 편저, 후키야 코지 그림, 1950년
표지 디자인 온치 코시로.
1941년 판을 현대 가나 표기로 고치고 내용을 다소 증보했다.

『알리바바와 40인의 도적』
후키야 코지 그림

세계 명작동화집2 『아라비안 나이트 선원 신드바드』
(구메 겐이치 편저, 1960년, 大日本雄弁会講談社)에 수록된 삽화.
충명한 하녀 마르자나가 도적이 숨어 있는 기름독에
펄펄 끓는 기름을 붓는 장면

99

에도 시대의 해외인식

해외와의 자유로운 교류가 제한되었던 에도 시대(1603~1868), 일반 사람들과 해외의 접점이 되었던 것은 연극이나 곡예단이었다. 사람들은 그것을 통해 자신들과는 다른 사람들이 사는 다른 세계, '타국인' '타향'으로서 해외에 대한 인식을 형성하고 있었다. 그 속에서 중동과 이슬람 세계도 모습을 드러낸다. 이 시대의 사람들과 중동이 접촉한 예로는, 1821년 최초의 낙타의 유입을 들 수 있다. 네넬란드 인에 의해 나가사키長崎에 들어온 '아라비아 산' 낙타는 전국 각지에서 구경꾼들의 인기를 독차지하고 만담에도 등장할 만큼 커다란 붐을 일으켰다. 낙타를 비롯하여 코끼리, 호랑이 등 해외에서 유입된 진기한 동물의 공연은 당시의 사람들에게 있어 가장 가까운 해외정보 획득의 장이기도 했다. ── R.S

148
연극화 흑인
문정기|文政期(1818~1830)
문화 문정기의 가부키에서는 다양한 역을 연기하는 변화 무용이 유행하였는데, 「니혼아라타니코코노하게日本新玉九尾化」에서는 나카무라 우타에몬中村歌右衛門 3세가 산호를 짊어지고 가는 '흑인'을 연기하여 호평을 받았다.

149
외국인물도
16세기 말~17세기
여러 외국인들을 그린 그림 중에 페르시아 사람들로 남녀 두 명이 그려져 있다.

150
만국인물도
제작 연도 미상
세계 각지의 사람들을 그리고 해석을 달아놓은 그림 책. 그 중 페르시아와 터키 인 남녀가 각각 그려져 있다.

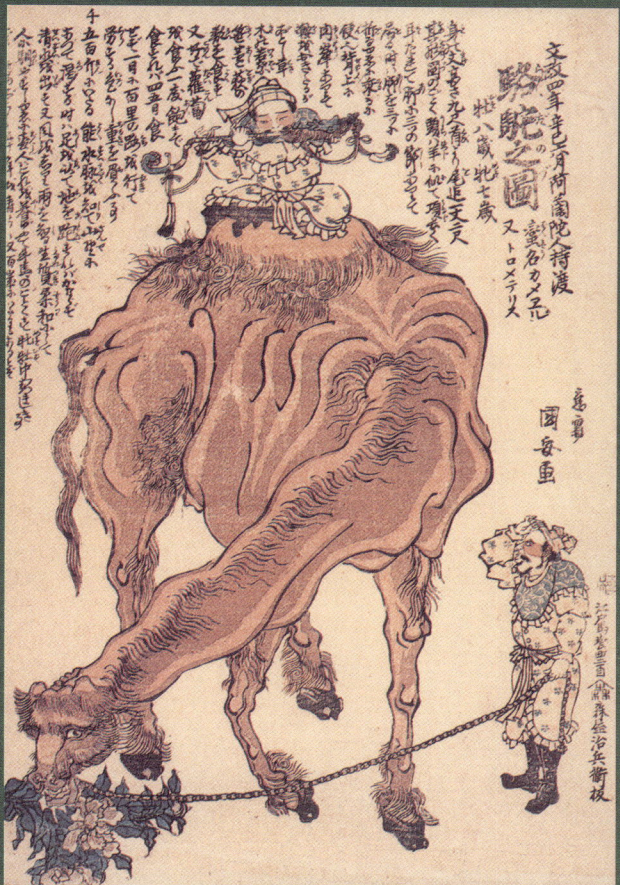

151
낙타 그림
1824년, 가와조에 유타카 컬렉션
1821년에 네덜란드 인에 의해 나가사키에 들어온 암수 두 필의 혹 하나 달린 낙타.
교토와 오사카에서의 공연을 거쳐 1824년 에도에 등장하여
커다란 호평을 받았다.

152
나가사키 판화 낙타 그림
제작 연도 미상
1821년에 나가사키에 들어온 낙타를 그린 나가사키 판화
네덜란드 인으로 보이는 서양인과 피부색이 검은 외국인이 함께 그려져 있다.

153
낙타도(1863)
전 년의 낙타 인기에 덕을 본 것인지,
1863년 혹 두 개 달린 낙타 한 필이 일본에 들어와
에도의 료코구와 아사쿠사에서 큰 흥행을 거뒀다.

154
낙타고駱駝考 (1824)
1821년 나가사키를 통해 낙타가 유입되던 시기에 만들어진 낙타 연구서.
낙타는 사람들의 오락이나 신앙의 대상뿐 아니라
연구 대상이 되기도 했다.

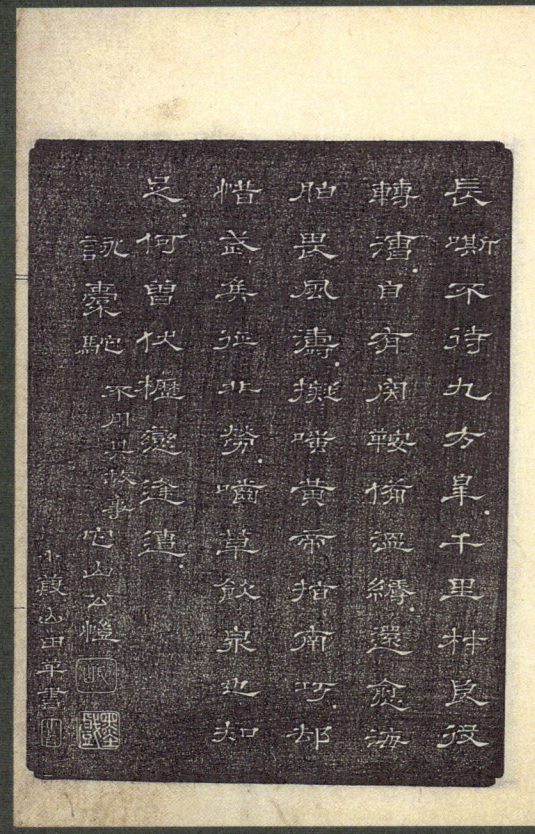

155
이국수지도(異國獸之圖, 외국의 동물 그림)
제작 연도 미상
두 필의 낙타가 중동 사람으로 보이는 두 명의 인물,
그리고 대추야자 나무와 함께 그려져 있다.
낙타의 안장이나 낙타가 있는 모양새도 거의 정확하게 그려져 있다.

157
신도박래지대상(新渡舶来之大象, 새로운 외래 큰 코끼리)
1863년
1862년에 요코하마를 통해 들어와 다음해 료코쿠에서
흥행물로서 대단한 성공을 거두었다.
이 그림 역시 서양인과 검은 피부의 외국인이 함께 그려져 있다.

156
새로 들어오는 낙타의 그림
막부 말기에 다시 유입된 낙타를 그린 그림으로 보인다.
악기를 부는 서양인과 무를 내밀고 있는
중국인으로 보이는 인물이 함께 그려져 있다.

158
인도영수印度靈獸 산궁지도山弓之圖(호저 그림)
천보기(天保期, 1830~1844), 가와조에 유타카 컬렉션
1832년에 나가사키를 통해 들여온 호저의 오사카 흥행 시기의 팜플릿으로 보인다.
고기의 독이나 복통 등에 효능이 있다고 씌어 있다.

159
타조지도(駝鳥之圖, 타조 그림)
1790년 가와조에 유타카 컬렉션
1789년에 나가사키로 유입되어 오사카에서는
다음해인 1790년에 볼거리로서 흥행을 거두었다.
'타조 그림' 이라고 씌어 있으나 모양새로 보아서는 화식조다.

초기의 번역

메이지 8년(1875)에는 나가미네 히데키의 『놀랍고도 기이한 아라비아 이야기 책』이 출판되어 일본에서 처음으로 아라비안나이트를 소개하였다. 이것은 타운젠트 판(갈랑 판 계통의 아동용 영어 초역)과 레인 판을 토대로 한 한문 훈독 형식의 초역이다. 이어지는 이노우에 츠토무의 『전 세계 일대 기서』는 갈랑의 영역을 번역한 화려하고 요설적인 문체로 많은 독자들을 매료시켰다. 또한 야노 류케이의 『페르시아의 새로운 이야기 열녀의 명예』는 「알리바바」를 번안한 것이며, 오시카와 순로의 『마도魔島의 기적』은 「신드바드」와 「세 번째 탁발승 이야기」를 합성한 작품이다. 초기 번역본은 모두가 오락과 교훈이 주안점이 되었다. ────── H.S

160
『놀랍고도 기이한 아라비아 이야기 책』
나가미네 히데키 번역, 전 2권,
메이지 8년(1875) 도쿄·규장각奎章閣
고베神戸 대학부속 도서관 소장
일본 최초의 번역 및 소개. G.F 타운젠트의 어린이용 영어판을 바탕으로 하고 레인 판으로 보정을 가한 한문 훈독 형식의 초역. 삽화 4점은 레인 판 외의 것.

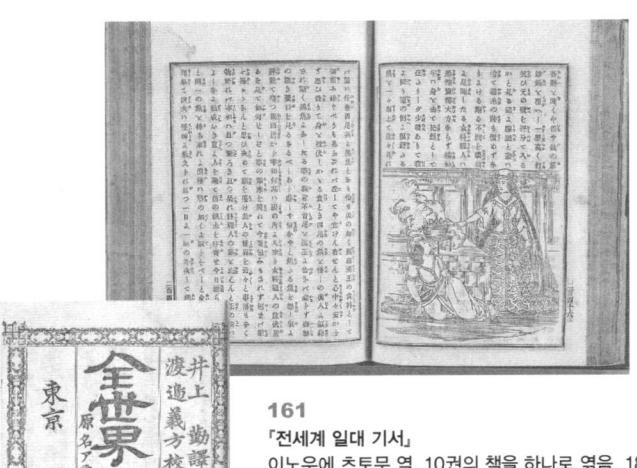

161
『전세계 일대 기서』
이노우에 츠토무 역, 10권의 책을 하나로 엮음, 1886년,
도쿄, 광지사廣知舍
닌모사社가 간행한 1865년 영어판을 번역하고 삽화는 닌모사의 책과 바일 판에서 따왔다. 일부는 고바야시 키요치카小林淸親의 모사에 의한 것. 1883년 첫 간행. 초역이었지만 당시의 독자들에게 커다란 영향을 끼쳤다.

162
『페르시아의 새로운 이야기 열녀의 명예』
야노 류케이 역, 1887년, 도쿄·문선당文泉堂 국립국회도서관 소장
당초 『우편 통지 신문』에 「연초年初 연극」으로 연재.
야노 류케이가 당시의 역자로 추정된다.
「알리바바와 40인의 도적」의 일본 최초의 번안.
'열녀'는 마르쟈나를 가리킴.

163
『무사시의 명향名香/ 아라비아의 사과 동서의 성급한 검』
오자키 코요 저, 1902년, 춘양당春陽堂, 개인 소장
에도 시대의 작가 니시키 분류錦文流의
'무사국의 꽃송이 나무 성급한 일武藏國花房主 之丞 短慮之事'과
『아라비안나이트』의 '세 개의 사과 이야기'를 비교 대조하며 양자의 교류를 시사한다. 원래는 강연 원고.

164
세계 괴기담 제5편 『마귀 섬의 기적』
오시카와 순로 지음, 오카 라쿠요 그림,
1902년, 도쿄·대학관大學館
「신드바드의 항해담」과 「세 번째 탁발승이야기」를 조합하여
「항해 왕 선원 백작」이 모험담을 들려주는 설정이다.

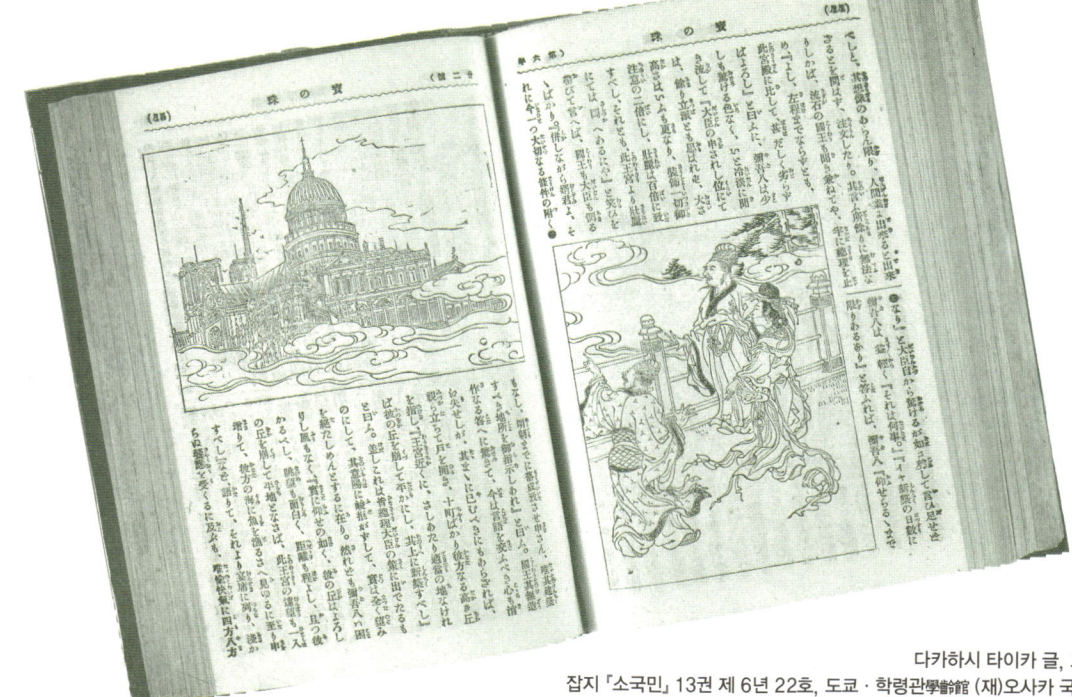

165
「소설 보물 구슬」
다카하시 타이카 글, 고호리 토모토 그림,
잡지 「소국민」 13권 제 6년 22호, 도쿄・학령관學齡館 (재)오사카 국제 아동문학관 소장
「소설 보물 구슬」은 「소국민」 제 6년 18~23호(1894년 9월~12월)에 연재.
주인공 야고하치가 보물 구슬의 요정의 도움으로 왕국의 공주와 결혼하는 이야기.
「알라딘」의 번안으로 추정.

동화의 세계

어린이용 서적을 이끈 것은 잡지 『소국민小國民』에 게재되었던 다카하시 타이카의 「소설 보물구슬」과 이와야 사자나미가 〈세계의 동화〉의 일환으로 번안한 『이상한 램프』와 『아홉 쌍 인형』 등이다. 1915~16년에 간행되었던 스기타니 타이스이의 『신역 아라비안나이트』는 뛰어난 번역과 풍부한 삽화로 아동문학 사상 획기적인 성과를 거두었으며, 〈일본아동문고〉〈초등학생전집〉〈세계동화대계大系〉 등의 총서류와 『금의 성星』『여학생』 등의 어린이용 잡지 또한 이야기 보급에 힘을 실었다. 이 시기에 형성된 아동문학의 기조는 전후에도 그대로 이어졌다. ─── **H.S**

166
세계 동화 제29편 「이상한 램프 신비한 말」
이와야 사자나미 엮음, 와타나베 카네아키渡邊金秋 그림, 1901년.
세계 동화 제79편 「아홉 쌍 인형」, 이와야 사자나미 편, 1905년.
세계 동화 문고 제8편 「도깨비 항아리」, 이와야 사자나미 편, 이나다 고산 그림,
1909년 3편 모두 박문관博文館 (재) 오사카 국제 아동문학관 소장
사자나미가 독일 외유 중에 집필 간행했다.
파울 벤도르프의 독일어판을 바탕으로 한 어린이를 위한 번안.

167
도야마보富山房 모범 가정문고 제 1, 2편
「신역新譯 아라비안나이트」
스기타니 타이스이 역, 고스기 미세이, 오카모토 키이치, 고바야시 에이지로 그림,
1915~16년, 도야마보 (재) 오사카 국제아동문학관 소장
랑(Fritz Lang)의 영어판을 옮기고 포드(Ford Madox Ford)나 듀락 등의 많은
삽화를 수록한 호화판 서적.

168
세계동화대계 12~14권(아라비아편) 「일천일야담」
히나츠 고노스케, 1924~27년,
근대사・세계동아대계 간행회
레인 판의 주注를 뺀 본문의 전역.
버턴 판에서 발췌한 단색 별쇄도판 6점을 수록.

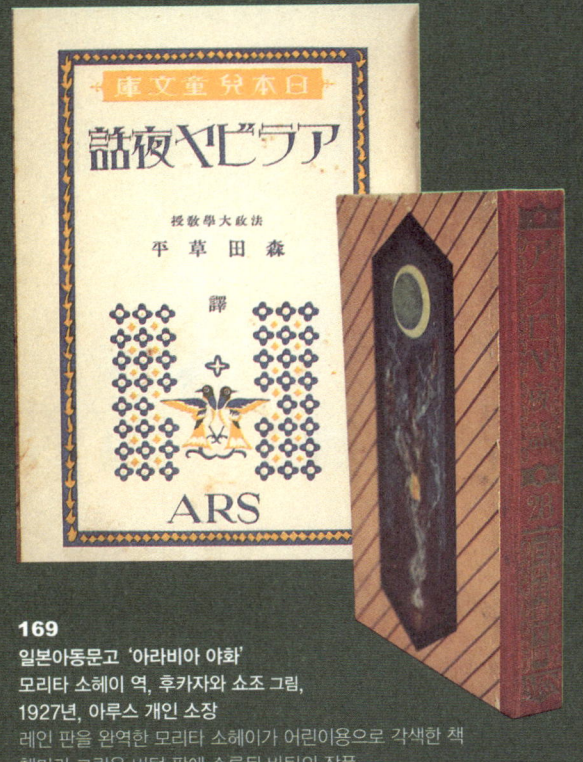

169
일본아동문고 '아라비아 야화'
모리타 소헤이 역, 후카자와 쇼조 그림,
1927년, 아루스 개인 소장
레인 판을 완역한 모리타 소헤이가 어린이용으로 각색한 책
책머리 그림은 버턴 판에 수록된 바틴의 작품,
삽화의 반은 레인 판에서 따온 것.

170
초등학생 전집『아라비아 야화집』
기쿠치 히로시菊池寬 역, 무라야마 토모요시村山知義 그림,
1928년, 흥문사興文社 문예춘추사文藝春秋社
젊은 전위예술가 무라야마 토모요시의 삽화.
본문에는 유명한 다섯 가지 이야기가 수록되어 있다.
〈초등학생 전집〉은 아루스의 〈일본아동문고〉와 함께
당시의 손꼽히는 2개 총서였다.

171
가바야(カバヤ) 아동문고『아라비안나이트』
가바야 아동문화연구소 편, 가바야 아동문고 제1권 6호,
1952년, 가바야 식품(カバヤ食品) (재)오사카국제아동문학관 소장
머리말은 요시카와 코지로
이것은 캬라멜의 문고 50점을 1권으로 요약한 형태의 문고였다.

172
학급문고(1, 2학년)『아라비안나이트』
사카이 아사히코 역, 미야쿠니 노보루 그림,
1953년, 일본서방日本書房 개인 소장

173
『아라비안나이트 신드바드 이야기』
가노시타 이치지, 1948년, 홍학사弘學社, 개인 소장

174
세계 명작 이야기『아라비안나이트』
미야케 후사코 역, 1952년, 여명사黎明社, 개인 소장
'미야케 후사코' 는 금성사에서
오랜 기간 편집과 경영에 종사했던 사이토 사지로의 필명.

175
도판 그림 이야기『아라비안나이트』
가와바타 야스나리 역, 나가이 타모츠 그림, 1954년,
도판인쇄주식회사

176
강담사講談社의 그림책 골드판『신비한 램프』
가와바타 야스나리 역, 후키야 코지 그림, 1959년, 강담사講談社

177
『아라비아 야화 그림 책』
하츠야마 시게루 그림, 개인 소장
연구사硏究社에서 발행한 잡지 『여학생』 제 3권 2호에 수록된 삽화 그림.
『아라비아 야화 그림 권』은 제 2권 4호—제 3권 9호 (1921년 4월~1922년 9월)에 연재되었다.
본문은 스기타니 타이스이의 번역문을 거의 그대로 쓰고 있다.
『선원 신드바드』(구룡당求龍堂, 1979년에 재수록)

일본의 삽화 화가

어린이를 위한 번역과 삽화는 언제나 밀접한 관계에 있었다. 고호리 토모토와 와타나베 카네아키 등 초기의 삽화 화가는 이야기의 무대를 일본으로 옮겨 일본풍의 등장인물을 그렸는데, 1912~1926년에는 스기타니 타이스이의 『신역 아라비안나이트』 등에 포드, 듀락, 이에르 등 영국을 대표하는 삽화 화가의 작품이 소개되어 커다란 반향을 일으켰다. 이후, 잡지 『여학생』에 「아라비아 야화 그림 책」을 연재한 하츠야마 시게루, 기쿠치 히로시의 『아라비아 야화집』의 삽화를 담당한 무라야마 토모요시, 그리고 『금의 성星』의 표지와 강담사講談社의 그림책으로 알려진 후키야 코지藤谷虹兒 등이 계속해서 등장했다. ——— H.S

179
『알라딘과 신비한 램프』
후키야 코지 그림, 후키야 코지 기념관 소장
세계 명작동화 『아라비안나이트 선원 신드바드』
(대일본웅변회강담사大日本雄辯會講談社, 1941)를 위한 삽화 원화

178
『아라비안나이트』
나카가와 마사후미 역, 아카바네 스에키치 그림,
1980, 학습연구사 개인 소장
초판은 1971년

180
세계대중문학 전집 58권 「천일야 이야기(연애편)」
모리타 소헤이 역, 1931년, 개조사改造社, 개인 소장
레인 원역판을 번역한 모리타 소헤이가
「어린이는 볼 수 없는 성인 『천일야 이야기』」를
기획하여 편찬한 초역.

181
「버턴 판 천야일야 이야기」
오오바 마사후미 역, 후루사와 이와오 그림, 전8권,
1966~67년, 하출서방河出書房, 개인 소장
주를 포함한 버턴 판 완역.
초간初刊은 각천문고角川文庫 전21권(1951~56),
이 책에서는 더 많은 개역이 이루어졌다.

182
「화보 일천일야 이야기」 상권
마르드류스 편, 사이죠 야소·야노메 겡이치 해설,
1929년, 국제문헌간행회國際文獻刊行會
마르드류스의 파스켈 판을 바탕으로 한 초역.
다음 해 발매 금지되었다.

성인 문학

호색문학으로서의 관심을 일반 사람들에게 불러일으킨 데는 버턴 판과 마르드류스 판의 지대한 공헌이 있었다. 일본 최초의 버턴 판 번역인 중앙공론사中央公論社의 『천야일야』는 오야 소이치가 이끄는 「종합번역단」의 공동 번역의 형태를 취하고, 시 부분만 오키 아츠오大木篤夫가 담당했다. 검열로 인해 군데군데 ×표시가 눈에 띄지만, 그래도 많은 독자들에게 읽혀졌다. 전후에는 오바 마사후미大場正史에 의한 완역이 실현되었다. 마르드류스 판을 바탕으로 하는 이와나미岩波 문고의 방역邦譯은 역시 전전戰前에 간행되었던 제 1, 2권에 공란이 많아 전후戰後로까지 이어지는 오랜 작업이 되었다.

H.S

칼럼
중국의 아라비안나이트

다루모토 테루오
樽本照雄

18세기에는 동서문화가 교류하는 신강新疆 지구에서 아라비안나이트의 위구르어 번역이 나왔다. 그에 비하면 중국어 번역의 출현은 훨씬 뒤의 일이다.

중국에서 아라비안나이트가 번역된 것은 1900년 전후의 일이다. 최초의 중국어 번역은 주계생周桂笙의 『일천령일야一千零一夜』였다. 원래는 『채풍보采風報』에 게재되었다. 『신암해역초편新庵諧譯初編』 상권(1903)에 수록되었던 것을 보면, 이 야기의 도입 부분부터 「검은 섬의 왕 이야기」까지의 부분 번역에 지나지 않는다. 간결한 문구를 사용한 원문에 충실한 번역이었다.

1900년대의 청조 말기부터 중화민국에 걸쳐 중국에서 출판된 아라비안나이트의 번역은 대부분이 영역본을 토대로 하고 있다. 이 타운젠트 판을 번역한 것이 일명佚名의 『일천일야一千一夜』이며, 『대륙보大陸報』에 실렸다. 이 역시 (중국의) 문어에 의한 부분 번역이다. 단행본으로는, 신드바드의 일곱 가지 항해 부분만이 『항해술기航海術奇』(문명서방文明書房, 1903, 미발견)라는 이름으로 출판되었다고 한다.

주작인周作人이 대학 시절 번역한 「협여노협여노奴」는 「알리바바와 40인의 도적」이다. 『여자세계』(1904)에 연재되었으며 그 후 같은 제목의 단행본으로 출간되었다(소설림사小說林社, 1905). 그는 여기에서 평운여사萍雲女士라는 필명을 썼다. 한편 그는 런던 뉴운즈 사가 발행한 책 한 권을 활용서로 채용했다고 회상하고 있는데 그 기억은 잘못된 것이다. 하녀 마르쟈나에 대해 자의적인 각색을 한 부분이 있다.

어느 정도 정리된 중국어 번역으로는 『수상소설繡像小說』에서 연재한 『천방야담天方夜譚』이 있다. 천방은 아라비아의 옛 이름이다. 『수상소설』(1903~1906)은 상해의 출판사 상무인서관商務人書館이 발행한 중국 최초의 근대적 소설잡지이다. 본문은 활판으로 석판 인쇄의 삽화(수상)가 실려있는 것이 특색이다. 「천방야담」은 『수상소설』 제 11기(1903)부터 제 55기까지 약 3년 동안 연재되었다. 그러나, 주계생의 선행 번역과 중복되는 것을 피하고자 이야기는 중간부터 시작된다. 재미있는 것은 『수상소설』이 삽화를 볼거리로 내세우고 있음에도 불구하고 「천방야담」에는 삽화가 없다는 점이다.

1906년, 잡지에 연재될 때는 생략되었던 내용의 첫 10화와 『동방잡지東方雜誌』에 게재했던 부분을 하나로 묶어 4권의 단행본이 간행되었다. 그래도 전 50화에 지나지 않았다. 단행본에서는 해약奚若이라는 역자의 이름이 분명히 명기되었다. "라우트레지(Routledge)사가 간행한 판본이며, 레인 판을 토대로 한 것이다"라는 설명이 쓰여있으나 정확하지는 않다. 영문과 비교 대조해 보면 타운젠트 판에서 주석을 따오고 라우트레지사의 포어스터 판을 번역한 것임을 알 수 있다.

해약의 번역은 외국문학 번역 시리즈 「설부총서說部叢書」에 수록되었으며 「술이소설述異小說」이라는 간단한 설명과 함께 제 6집 제 4편이라는 번호가 매겨졌다. 그 후, 초집 제 54편으로 번호가 변경된다. 상하 2권의 책 모두 상해의 상무인서관(1924)에서 출판되었으며 표지에 「번역 교정 엽소균葉紹鈞」이라고 쓰여 있다. 또, 「신학제중학국어문과보충독본新學制中學國語文科補充讀本」이라는 표기로 보아 많은 청소년들에게 읽혀지고 있었던 것 같다. 「만유문고万有文庫」(1930 미발견), 또는 「만유문고 제 12집 편 500종」(1939)은 상하 2권의 책으로 해약이 번역하고 엽소균이 교정하여 다시 썼다. 아동을 위한 책으로는 1910년대의 「동화」 시리즈가 있다. 「알라딘」, 「알리바바」 등 4가지 이야기가 간략한 줄거리로 수록되어 있다.

아라비아어 번역서로는, 상무인서관의 5권(1940~41, 미발견), 인민문학출판사의 3권(1957, 미발견)과 6권(1982) 외에 이유중李唯中 등의 책이 있다.

미국 영화 「아라비안나이트」(1942)가
중국에서 상영되었을 때의 중국어 판 영화 팸플릿.
대동출판공사大同出版公司 편.

현재의 중국어 아라비안나이트.
버턴 판과 마르드류스 판뿐 아니라
어린이를 위해 중국어로 각색된 그림책이
많이 출판되고 있다.

오락산업과 아라비안나이트

183
장난감 극장의 「알라딘」
영국
극장의 테두리 부분의 장식 그림은 1870년 경 출판.
등장인물과 배경은 알라딘의 판토마임 극.
선물용 연극 그림을 어린이가 오려서 가지고 놀았던 것이 계기가 되어 무대장식을
나무틀로 붙이고 등장인물을 철사로 세워 집에서 연극놀이를 즐기게 되었다.

9세기 압바스 왕조 시대의 지식인 이븐 안나디무는 『아르흐 라이라(천일야)』에 대해 "지리멸렬한 이야기들뿐이라 읽어보았자 재미없다"고 기술했다. 아랍 세계에서 이야기는 지식인들에게 하잘 것 없으며 미천한 것으로 경시되는 경향이 있었다. 그러나 겉으로는 심도 깊은 문학을 연구하는 학자가 몰래 만화를 즐기듯이 사실은 그들도 천일야에 푹 빠져 있었는지도 모르겠다.

제1부에서 소개했듯이 18세기의 유럽인들은 오락문학으로서의 아라비안나이트에 너나할 것 없이 달려들었다. 우리가 알고 있는 「아라비안나이트」라는 이름은 1706년 런던에서 출판되었던 첫 번째 번역본의 제목 『아라비안나이트 엔터테인먼트』(직역하면, 아라비아 밤의 연회)에서 온 것이다. 그때까지만 해도 유럽에는 없었던 신선한 장르의 오락문학은 유럽인들의 마음을 사로잡기에 충분했다.

유럽으로 전해진 아라비안나이트의 환상세계는 서적의 형태에 그치지 않고 여러 가지 예능과 미디어 분야로 확산되었다. 서양에서는 19세기 이후 판토마임극(크리스마스를 전후로 상연되었던 동화 연극), 오페라, 발레, 음악 분야에서 아라비안나이트를 모티브로 한 수많은 작품들이 탄생했다. 그 중 특히 인기가 있었던 주제는 알라딘, 알리바바, 세헤라자데였다. 일본에서는 교겐, 가부키, 다카라즈카 가극의 상연 목록으로도 정해졌다. 오락 매체가 더욱 발전하여 영화, 텔레비전이 등장하자 여명기의 실험적인 작품에서 현재에 이르기까지 세계적으로 아라비안나이트를 소재로 한 모든 장르의 작품—뮤지컬, 러브로맨스, 코미디, 특수한 모험, 어린이 동화(Animation), 포르노—이 만들어졌다. 만화, 게임, 장난감 등 소비적인 오락 소재의 보고寶庫가 되기도 했다. 또, 아라비안나이트의 이미지는 관광산업에도 영향을 주었다.

다양한 미디어에서 아라비안나이트가 활용되는 데 있어 커다란 특징으로 지적할 수 있는 것은, 아라비안나이트의 전형적인 등장인물(세헤라자데, 마법의 요정 진 등)이나 소도구(하늘을 나는 융단, 마법의 램프 등)와 같은 이야기의 이른바 '부품'이 원래의 줄거리에서 떨어져 나가 창작가의 상상력 안에서 재구성되는 경향을 볼 수 있다는 점이다. 시대와 함께 아라비안나이트의 '분화分化'가 진행되고 있다 하겠다.

그러나 이 현상이 결코 아라비안나이트의 쇠퇴를 의미하는 것은 아니다. 아라비안나이트 자체가 원래 다양한 이야기의 집대성이다. '정전正典' 같은 것은 존재하지 않으며 그것을 받아들인 문화권 안에서 개편되어 왔다. 미디어의 발전과 함께 아라비안나이트도 계속 진화하고 있으며, 현대인에게도 신선함을 잃지 않고, 영감(inspiration)의 원천이 되고 있다.

그것을 증명해 보이는 것이 21세기의 일본이 세계적으로 자랑하는 애니메이션의 최신 기술을 구사하여 3차원 영상으로 제작한 몽키 펀치의 「영(young) 세헤라자데」이다. — Y.Y

판토마임에서 오페라로

19세기 초엽 영국에서 산업혁명과 함께 도시로 이주해 온 대중이 원하는 오락을 제공한 것은 연극이었다. 극장의 크기와 관객의 기호가 함께 어우러져 어려운 대사가 아닌 과장된 몸짓으로 드라마를 전개하는 판토마임극이 유행하여 노동자들의 휴가, 즉 크리스마스나 부활제를 전후로 상연되었다. 알라딘, 알리바바, 그 외 천일야 풍의 동양 연극은 잠깐의 현실 탈피에 가장 좋은 소재로서 사랑받았다.

아라비안나이트를 바탕으로 한 가극으로는, 독일의 작가 베버(1786~1826)의 희가극인 「아부 하산」(1811년), 덴마크의 작가 칼 닐센(1865~1931)의 「알라딘」(1919년), 무용극으로는 디아길레프(1872~1929)가 이끄는 러시아 발레단이 림스키 코르사코프(1844~1908)의 교향곡에 맞추어 공연한 「세헤라자데」(1910) 등을 들 수 있다. ———— Y.Y

184
판토마임극 「알라딘과 신비한 램프」 광고
1817년, 미국
필라델피아 극장의 광고.
각 막에 등장하는 세트의 호화로움을 선전하고 있다.

185
판토마임극 「알라딘」의 한 장면
1877년, 영국
리버플의 로탄다 극장
판토마임극 「알라딘」. 극장, 세트, 의상 등을 엿볼 수 있다.
1877년 1월 20일 스포츠·연극지 기사.

187
발레 류스 「세헤라자데」 리트그라프
조르쥬 바르비에 그림, 1913년, 프랑스
발레 류스(러시아 발레) 「세헤라자데」는 1910년 파리 오페라에서 초연되어 커다란 반향을 일으켰다. 조르쥬 바르비에가 이 리트그라프에서 표현한 것은 프랑스인이 본 동양에 대한 러시아인의 해석이다.

186
판토마임극 「40인의 도적」 포스터
석판화, 1940년경, 영국
런던에서 간행된 판토마임극 포스터.

188
뮤지컬「아라비안나이트」프로그램
미시마 유키오 원작, 마츠우라 타케오 연출, 1966년, 개인 소장
미시마 유키오 원작의 뮤지컬「아라비안나이트」는 기타오지 킨야 주연으로 1966년에 상연되었으며, 미시마 자신도 노예역으로 출연했다.
그다지 호평을 받지는 못한 작품이다.

일본의 무대로

판토마임극 아라비안나이트는 메이지 시대 서양 연극의 수용에 중요한 역할을 했다. 1870년 12월 요코하마의 괴테 극장에서는「알라딘과 이상한 악당」이 상연되었다. 이때 관객은 주로 외국인이었으나, 그 후 일본의 연극 개량의 신소재로서 주목받았던 것은, 1887년 신문에 게재되었던 야노 류케이의「새해 연극 40인의 도적」이었다.

한편, 일본의 고전 예능에 대한 번안도 이루어졌다. 1906년, 가부키의 작가 이에모토 하루는 베버의「아부 하산」을 토대로「희극 아라비아 야화」를 발표. 같은 해, 아동문학 작가인 이와야 사자나미는「바보와 사기꾼 이야기」(388일째 밤)를 토대로 동화 교겐狂言(일본의 대표적인 전통 연극)「말도둑」을 썼으며 그의 딸 신이치가 그것을 가부키 풍으로 각색했다(1956년 초연). 기노시타 모쿠타로의「의사 도반의 머리」(1912)는, 상연을 위한 작품이라기보다 문학적 실험이라 할 수 있다. 미시마 유키오 원작의 뮤지컬「아라비안나이트」는 기타오지 킨야 주연으로 1966년에 상연되었으며, 여기에는 미시마가 직접 노예 역으로 출연하기도 했다. ─── Y.Y

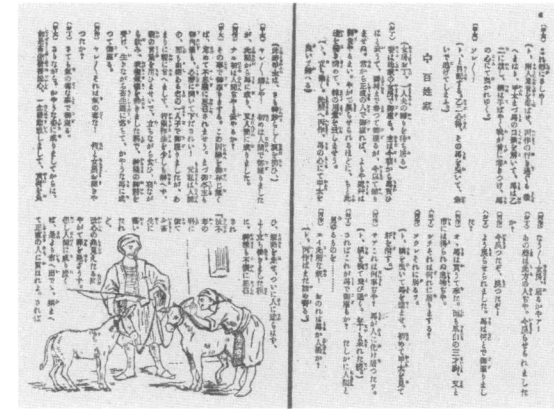

190
동화 교겐「말도둑」대본
이와야 사자나미 원작의「중학中學세계」9권 1호, 1906년, 국립국회도서관 소장
아동 문학작가 이와야 사자나미가 제 388번째 밤「바보와 사기꾼 이야기」를 동화 교겐으로 번안한 것. 학교 연극으로 공연할 목적으로 쓰여졌다.

189
『연예화보』제7년 제1호
스키우라 히스이 그림, 1913년, 연예화보사演藝畫報社
『연예화보』제 7년 제 1호 표지에 그려진「세헤라자데」의 등장인물 '조베이다'. 발레 류스의「세헤라자데」는 당시의 예술, 패션에도 영향을 끼쳤으며, 그것은 일본으로도 이어졌다.

191
가부키「말도둑」프로그램
이와야 사자나미 원작, 이와야 신이치 각색, 1963년
교토의 연중행사. 교토 남좌(南座, 가부키 극단의 배우 총출연 행사(1963년 12월1일~26일) 프로그램. 이와야 사자나미 원작의 교겐을 딸인 신이치가 가부키 풍으로 각색. 1956년 초연.
최근에는 2002년 말 남좌에서 공연.
과장된 몸짓으로 통로를 지나가는 말의 움직임이 매우 유머러스하다.

다카라젠느(다카라즈카의 연기자들)와 천일야

다카라즈카宝塚 가극에는 「사막의 흑장미」를 비롯한 아라비아 혹은 아라비안나이트에서 소재를 찾은 작품들이 있다. 다카라즈카 가극의 아라비안나이트 수용은 일본의 일반적인 아라비안나이트의 수용과 같다. 즉 중동으로 무대를 설정함으로써 현실 세계와의 직접적인 관계성을 피하고 일본이나 유럽이 무대가 되는 이야기에 아라비아 인이 등장할 경우 아라비아인 캐릭터는 이방인으로서의 성격이 강조된다. 더 나아가 동양과 서양을 잇는 인물의 역할을 하는 경우도 있다. 아라비안나이트를 충실하게 옮겨놓은 스토리는 다카라즈카 식의 전개와는 이질적인 것으로 해석되는 한편, 이야기의 줄거리나 내용이 다카라즈카적으로 절묘하게 각색되어 이용되었다고 할 수 있을 것이다. ────── T.N

192
다카라즈카 가극 「아라비안나이트」
1950년
그랜드리뷰 「아라비안나이트」는 리뷰 스타일을 완성시킨
시라이 테츠조白井鐵造가 연출한 작품.
아라비아 풍의 현란하고 호화로운 무대가 담긴 중요한 사진.

193
다카라즈카 가극 「세헤라자데」의 의상 디자인 그림
1951년, 다카라즈카 가극단 소장
발레 「세헤라자데」(1951)는
림스키 코르사코프의 「세헤라자데」를 바탕으로 삼고 있으며
파리의 오페라 극장에서 공연된 발레 의상 디자인의
영향을 받고 있다.

194
다카라즈카 가극 「날아라 아라비안나이트」
1983년
다카라즈카 뮤지컬 「날아라 아라비안나이트」는
츠키구미月組의 톱스타 오오치 마오와 구로키 히토미가 공연한
아라비안나이트 풍의 러브 코메디.

195
다카라즈카 가극 「사막의 흑장미」
2000년
리뷰 아라비안나이트 「사막의 흑장미」는
소라구미宙組의 톱스타였던 스가타츠기 아사토의
퇴단 고별공연으로 스가타츠기는 일인이역을 맡아 열연했다.

영상 판타지

아라비안나이트에서 소재를 얻은 영화는 영화사 개막 초창기부터 제작되어 왔다. 아라비안나이트 영화의 대부분은 내용에 충실한 번안이아니라, 하늘을 나는 융단, 마법의 램프, 진, 마법사나 하렘의 무희 등의 요소가 자유로이 담긴 작품이다. 아라비안나이트 판타지의 세계는 SFX 기술을 구사한 영화나 애니메이션을 통해 가시화되고, 할리우드 스타에 의한 액션 영화로 발전했다. 할리우드 영화의 유통은 일본에 서양이 보는 아랍의 이미지를 투영하는 역할을 했다. 아랍 영화의 중심지인 이집트와 인도, 동부 유럽, 러시아 등 세계 여러나라에서 아라비안나이트 영화는 제작되고 있다. ────────────── A.N

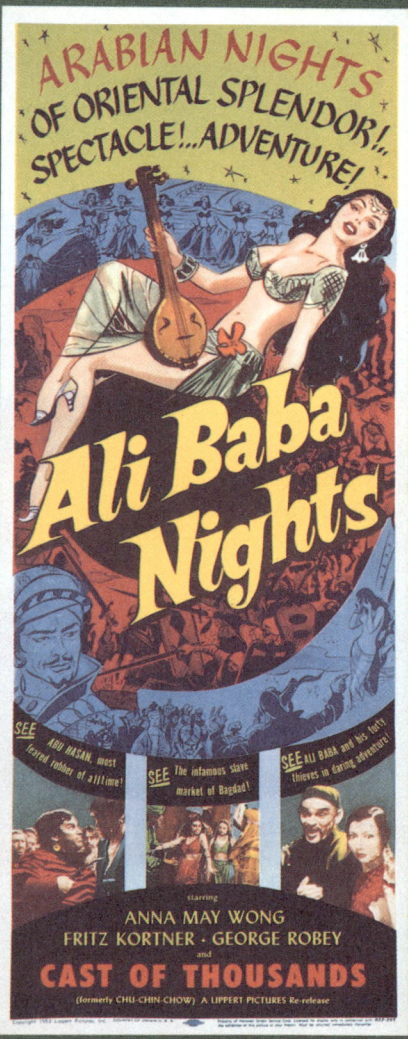

196
영화 「애첩 즈무룬」 포스터
E. 루비히 감독, P. 네그리 외 출연, 1920년, 독일
판토마임극을 영화화한 작품. 초기의 영화 제작자로는 판토마임 배우 출신인 루비히 감독 외에도 무대예술 공연의 배경을 가진 사람도 적지 않다.

197
영화 「추친초(CHU-CHIN-CHOU)」 포스터
W. 포드 감독, 1934년, 영국
1916년 초연되어 호평을 받았던 오페레타(operetta)를 영화화 한 작품.

198
영화 「바그다드의 도적」 포스터
R. 월슈 감독, D. 페어뱅크스 각본·주연, 1924년, 미국
이 작품은 유럽과 미국 그리고 일본 뿐만아니라 중동지역에서도 공연되어 호평을 받았다. 같은 제목의 리메이크 작품도 많이 만들어졌다.

199
영화 「바그다드의 도적」 포스터
L. 벨카 외 감독, C. 화이트, 서브 외 출연, 1940년, 미국·영국

200
영화 「선원 신드바드의 모험」 포스터
R. 월레스 감독, D. 패어뱅크스Jr, M. 오하라 주연, 1947년, 미국

201
영화 「알리바바의 복수」 포스터
K. 뉴만 감독, T. 커티스, P. 로리 주연, 1952년, 미국
동일 주연 배우가 캐스팅된 작품으로
「The Prince Who was Thief」(1951)가 있다.

203
영화 「대도적大盜賊」 포스터
다니구치 센키치 감독, 미후네 토시로 주연, 1963년, 일본
도적의 누명을 쓴 주인공. 루손 스케자에몬이 바다로 나와
낯선 섬에서 모험을 펼쳐가는 시대극.
미국에서의 개봉 타이틀은 「The Lost World of Sinbad」.

202
영화 「신드바드 황금의 항해」 포스터
G. 헤슬러 감독, R. 할리하우젠 제작, 1974년, 미국·영국
「다이나메이션」이라 불리는 특수 기법을 사용한
할리하우젠의 「신드바드」 3부작의 한 편

204
영화 「신드바드」 포스터
F. 알 가자이루리 감독, 1946년, 이집트
아랍 영화 제작의 중심지인 이집트에서도 아라비안나이트를 소재로 한 영화는 제작되어 왔다. 이집트 영화에서도 원작에 충실한 이야기가 아닌 독자적으로 번안된 스토리가 많다.

205
영화 「아라비안나이트」 포스터
P.P 파졸리니 감독, 1974년, 이탈리아·프랑스
「데카메론」「칸타베리 이야기」와 어깨를 나란히 하는 파졸리니 「생의 3부작」의 하나. 인간의 삶에 초점을 맞춘 독자적인 해석으로 아라비안나이트를 재구성했다.

206
영화 「뽀빠이와 알리바바와 40인의 도적」 포스터
D. 프라이셔 감독, 1937년, 미국
인기 캐릭터의 에니메이션에서 주인공이 알라딘, 알리바바, 신드바드 등이 등장하는 아라비안나이트의 세계를 여행하는 설정은 자주 이용되어 왔다.

207
영화 「1001 Arabian Nights –The nearsighted Mr. Magoo」
J. 키니 감독, 1959년, 미국
마구 시리즈 54번째 작품. 첫 장편작.
마구의 조상인 알라딘의 할아버지 아부더르 아지즈 마구가 자스민 공주와 사랑에 빠지는 이야기.

208
네덜란드 만화 『알리바바와 40인의 도적』
19세기 후반, 에피나르(프랑스)
프랑스 동부의 판화로 유명한 에피나르라는
마을의 올리비에 피노 사(社)에서 제작한 만화.
에피나르 판화는 싼 가격의 채색 목판화로
19세기 대단한 인기를 모았다.

 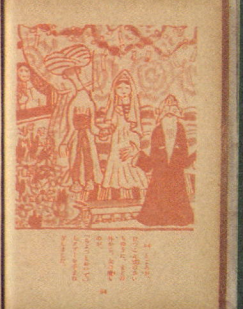

209
『장편만화 아라비안나이트 게으름뱅이 아부』
시미즈 콘, 1948년, 도쿄·광문사광문社
만화가 시미즈 콘이 그린 만화 그림 이야기.
삽화 화가 바바 노보루는 이 작품을 읽고
"내 마음의 램프에 불이 켜졌습니다"라고 회상하고 있다.

만화 아라비안나이트

서양의 만화는 풍자화가 중심이었기 때문에, 아라비안나이트를 소재로 하는 경우는 드물었다. 일본에서는 아라비안나이트가 아동문학으로 널리 읽혀지게 되자 시미즈 콘과 데즈카 오사무 등이 아라비안나이트를 모티브로 한 만화를 발표했다. 각각의 이야기가 부분적으로 활용되고 캐릭터나 소도구가 하나의 툴(tool)로 이용되었다 하겠다. 이러한 분위기 속에서 작자의 이미지대로 아라비안나이트의 모티브와 무대 설정을 짜맞춘 작품이 많이 그려지게 되었는데, 그 중에서는 에니메이션으로 만들어져 스크린이나 TV에 등장한 작품도 있다. 최근에는 몽키 펀치의 『천야일야 이야기』와 같은 본격적인 만화 작품이나, 하세가와 테츠야의 『아라비안나이트』와 같은 중동의 민속을 취재한 작품도 등장하고 있다. ──── T.N

210
만화 『아라비안나이트』의 원화原畵
하세가와 테츠야, 2000년, 개인 소장

소녀 만화에서는, 특정한 이야기를
만화로 만드는 것이 아니라
아라비아 이미지에 맞춰 아라비아를 무대로 한
환상적인 사랑과 모험의 환타지를 그려왔다.

211
만화 『아라비안나이트』
하세가와 테츠야, 2000년, 노아르 출판, 개인 소장
압바스 왕조기의 바그다드를 무대로
역사상의 인물과 함께 상상의 세계를 엮어간다.
아라비안나이트 풍의 환타지 만화.
제 1회 세계 만화 애독자 대상 심사원 특별상 수상

홈 엔터테인먼트

아동문학으로서의 입지가 굳어지자, 아라비안나이트는 홈 엔터테인먼트로서 다채로운 발전을 이룩했다. 아라비안나이트의 무대 그림이 찍혀 있는 오리기 공작용 도판, 트랜딩 카드, 장치 그림책, 유리 그림을 이용한 환등기 등이 등장했다. 이윽고 본래의 스토리에서 분리된 주요 캐릭터(알라딘, 알리바바 등)가 독자적인 스토리를 만들어내게 되어, 특징적인 소도구(흑단의 말, 하늘을 나는 융단)와 함께 아라비안나이트라는 제목의 다양한 영화와 무대극에 이용되었다. 현재는 컴퓨터게임, 카드게임, 피겨 등에도 활용되어 미디어의 글로벌화와 함께 세계 각지의 가정에서도 친숙한 아이템이 되어 있다. ――――― T.N

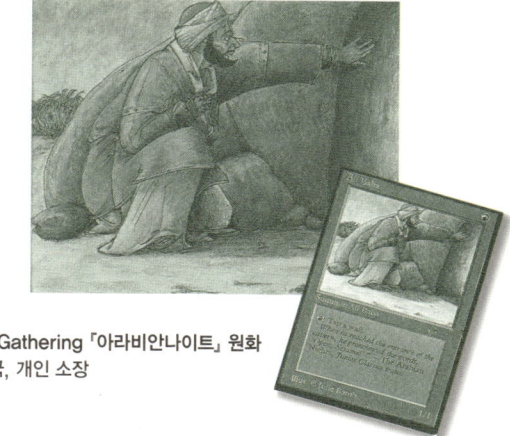

212
Magic The Gathering「아라비안나이트」 원화
1993년, 미국, 개인 소장

213
Magic The Gathering「아라비안나이트」 카드
1993년, 미국, 개인 소장
세계적으로 유행하고 있는 트래딩(trading) 카드 게임 「매직 더 게더링」의 최초의 발전과 전개. 줄리 바로 그림 「알리바바」의 한 장면.

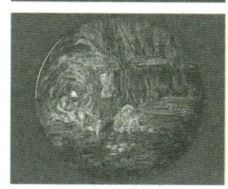

214
환등기 슬라이드「신드바드」
1870년대, 영국
나무 틀에 넣은 빅토리아 조 시대의 슬라이드.
신드바드 이야기의 유명한 장면이 유리 그림에 그려져 있다.
당시는 등유나 촛불의 불빛으로 가정에서도 즐겼다.

215
트레드 카드「알리바바」와「신드바드」
19세기 말, 영국, 개인 소장
빅토리아 조 시대, 주로 상품 판매를 촉진하기 위한
광고용으로 고객에게 나눠주던 카드로,
일반적으로 빅토리안 트레드 카드(Victorian trade card)로 불렸다.
그림은 모두 커피 회사의 카드.

216
바비인형「아라비안나이트」
2001년, 미국
아라비안나이트의 세헤라자데와 샤푸리야르 왕으로 꾸민 바비와 켄 인형.
인기 아이템으로서 바비용 아라비안나이트 의상실 세트도 있다.

217
보드게임 「아라비안나이트」
1950년대, 미국
주사위 게임처럼 주사위를 던지며 노는 보드게임.
아라비안나이트는 다양한 게임 소재를 제공해 왔다.
최근의 컴퓨터게임도 계속해서 등장하고 있다.

218
「아라비안나이트 주사위 바그다드의 도적」
1945년, 조일출판사朝日出版社 발행, 아사히 완구판매
영화 바그다드의 도적을 소재로 한 주사위 놀이.
그림은 역사 만화로 유명한 가고 나오토시かご直季가 담당했다.

219
핀볼 게임기 「Tales of The Arabian Nights」
1996년, 아메리카 윌리암즈 사

관광포스터로 보는 오리엔트 환상

나폴레옹의 이집트 원정 이후 영국, 프랑스 등에 의한 중동의 식민지화가 진행된다. 유럽 자본의 도로·철도·숙박 시설과 같은 인프라의 구축으로 유럽에 있어 특히 북아프리카는 모험의 땅에서 관광 유산의 땅으로 변모해 갔다. 중동을 이해하는 도구로서 아라비안나이트를 읽었던 유럽인이 현지를 여행하는 경우라면 책 속 이미지의 필터를 통해 그 땅을 보았을 것이다. 지금도 역시 중동여행 카탈로그를 보면 "천일야의 세계로"와 같은 선전 문구가 어김없이 등장하고 있으며, 아라비안나이트는 현대의 관광산업에서도 중동의 이국 정서의 대명사로 쓰이고 있다.
관광 포스터에서 이 이국 정서를 대표하는 모티브는, 민족의상을 한 여성, 낙타, 카스바(성곽도시) 등이다. 또한 배, 증기기관차, 자동차 그리고 비행기로 이어지는 여행 수단의 발달도 포스터의 변천으로 나타나고 있다.

— Y.Y

220
에어프랑스 항공 포스터(근동)
베르나르 뷰모 그림, 1952년, 프랑스
붉은 대지에 신기루처럼 떠있는 도시는 오리엔트 환상 그 자체.
화가 베르나르 뷰모(1911~1989)는 1940~70년대에 활약했던 상업 포스터 디자이너.

221
철도회사 PLM(Paris-Lion-Mediterranean)의
튀니지(Tunisia) 여행포 스터
유고 달레지 그림, 1892년, 파리
튀니지는 해안이나 고대 유적 등의 관광자원이 풍부하여 예로부터 프랑스 인의 피한지로 유명하다.
초기 포스터는 풍경이나 풍속의 묘사가 자세한 것이 특징이다.

222
철도회사 PLM과 튀니지 관광협회 연맹 포스터
죠소 그림, 1928년, 파리
명암 대비가 선명한 배색과 형태의 절묘한 조화 속에 유럽으로 이어지는 증기기관차와 그것을 바라보는 낙타를 탄 한 남자 사이의 긴장감이 느껴진다.
화가 죠소는 튀니지로 이주하여 이슬람교로 개종했다.

223
알제리(Algeria) 경제 관광 추진국 포스터
'알제리로 오세요!'
C. 슈스타 그림, 1930년대, 알제리
알제리에서 발행. 1920년대에는 북아프리카의 주요 도시의 대부분이 독자적인 관광국을 가지고 있었으며, 지역의 예술가에게 포스터 디자인을 맡겼다.

224
샤리야르 왕과 세헤라자데
마르드류스 판 「천야일야 이야기」
포이스 마더스 역,
로데릭 마크리 그림, 1923년, 런던
샤리야르 왕이 호색한의 이미지로 그려져 있다.

에로틱 판타지

버턴과 마르드류스 등의 번역을 통해 호색적인 부분이 강조되었다는 경위는 있지만, 원래 아라비안나이트에는 호색문학으로서의 일면도 있었다. 중세 아랍세계에서는 성애에 얽힌 이야기를 모은 명시선집이나 섹스 매뉴얼 ('향기 나는 정원' 등)도 씌어 있었으며 아라비안나이트만이 특수했던 것은 아니다. 유럽에 소개된 후에는 아동문학과 성애문학으로 양극 분화되기도 하였고, 시각 예술 분야에서는 시대 풍조에 맞춘 많은 작품들이 탄생하여 에로틱한 삽화와 포스터가 유행하였다. 섹슈얼 픽션으로서의 아라비안나이트는 영화나 무대에도 더없이 좋은 소재를 제공했다. —— T.N

225
「결혼식 밤의 분란」
「사랑의 하룻밤 [기타 14편] 혹은 아라비안나이트 사랑에 관한 세계적 고전」
사카이 키요시 역 · 삽화, 1927년,
상해 · 불란서 조계租界 비브리오필 아프로데필 협회
사카이 키요시(1895~1952)는 마술, 성애 문학 애호가로서 유명하다.
이 책은 한정 수량 500부로, 그 중 10부는 호화 인쇄판이다.
상해에서 출간된 것으로 알려져 있으나 실제로는 일본에서 인쇄되었다. 발매본.

226
영화 「에로틱 천일야 세헤라자데 이야기」 포스터
S. 루카스 감독, A. 헤븐 주연, 1982년, 독일
227번 영화의 독일 상영 포스터

227
영화 「에로틱 천일야 세헤라자데 이야기」 포스터
S. 루카스 감독, A. 헤븐 주연, 1982년, 미국
아네트 헤븐은 1970년대에서 1980년대에 활약했던 전설적인 포르노 배우다. 그녀가 출연한 작품들은 포르노 영화의 고전이라 할 수 있는 작품들로 이루어져 있다.

228
세헤라자데 인형
1999년, 스페인 리아드로 사
우아한 아름다움으로 세계적으로 유명한 리아드로 인형의 세헤라자데. 리아드로 인형 애호가인 그레스 협회 회원에게만 배부되었던 최초의 비매품.
1000점 한정의 아이템으로 번호가 매겨져 있다.

영 세헤라자데
－몽키 펀치판 아라비안나이트－

아라비안나이트 이야기 중「흑단마 이야기」를 모티브로 한 Full-3DCG 신작 에니메이션 작품「영 세헤라자데-마계에서 온 흑염의 말」.『루팡 3세』로 유명한 인기 만화가 몽키 펀치와 에니메이션 감독 오스미 마사아키의 공동 작업으로 탄생시킨 21세기의 아라비안나이트.──────T.N

캐릭터
말 행상인 하산. 어디서 태어나고 자랐는지 아무도 모른다. 카르마에 대한 집착과 세헤라를 향한 사랑은 어느 쪽이 큰 것일까?
세헤라 왕녀. 부왕의 편애를 답답하게 여겨 자신을 데려가 줄 '왕자'의 출현을 간절히 기다리고 있다.
쟈마르 왕은 명군名君이라는 칭송이 자자한 반면, 마법사라는 또 다른 얼굴도 가지고 있는 인물. 사랑하는 딸 세헤라만이 유일한 약점.

이야기

젊은 하산은 말 행상을 하며 돌아다니다가 어느 왕국에 들어가게 되었다. 왕의 성에 '악마의 말'로 불리는 말이 있다는 것을 알고 성안으로 몰래 잠입해 들어가지만 지붕에서 떨어져 그만 정신을 잃고 만다. 정신이 든 하산의 눈앞에 있었던 것은 왕녀 세헤라자데. 세헤라는 하산에게 '카르마' 라는 말에 올라타는 데 성공해 줄 것을 부탁한다. 카르마의 등에 타는 데 성공한 사람은 왕녀와 결혼할 수 있으며, 그렇게 해서 자신을 성에서 데리고 나가달라는 것이다. 그러나 사태가 급변하여 방에서 쫓겨난 하산은, 이리저리 헤메다 '악마의 말 카르마' 가 갇혀 있던 비밀의 장소로 들어가게 된다. 거기에서 하산은 자마르 왕에게서 카르마의 비밀을 듣고 마침내 카르마의 등에 오르게 되는데…

스태프

제작 : 국립민족학박물관
제작감수 : 니시오 테츠오(국립민족학박물관)
원작 : 몽키 펀치(미발표 작품)
구성·각본·감독 : 오스미 마사아키
에니메이션제작 : PRO
제작협력 : NHK엔터프라이즈21

참고문헌

아라비안나이트 번역서

『아라비안나이트』, 마에지마 신지·이케다 오사무 역, 1966~92년, 平凡社, 東洋文庫

『버턴 판 천일야 이야기』, 오바 마사시 역, 1967년, 河出書房

『마르드류스판 완역 천야일야 이야기』, 도요시마 요시오 外 역, 1982~83년, 岩波文庫

『아라비안나이트』, 가와마타 쥰코 역, 1987~89년, 講談社

『갈랑 판 천야일야 이야기』, J.L 보르헤스 엮음, 이노우에 테루오 역, 1990년, 國書刊行會

『아라비안나이트』, 케이트.D.위긴 外 엮음. 사카이 하루히코 역, 1997년, 福音館書店

『아라비안나이트(상·하)』, E.딕슨, 나카노 요시오 역, 1990년, 岩波少年文庫

『버턴 판 천야일야 이야기』, 오바 마사시 역, 2003~04년, 筑摩書房

The Arabian Nights. trans. by Husain Haddawy, 1990, New York / London: W.W.Norton

아라비안나이트 안내서·연구서

『아라비안나이트를 즐기려면』 아토다 타카시, 1986년, 新潮社

『아라비안나이트 99가지 수수께끼』, 야지마 후미오, 1992년, PHP硏究所

『아라비안나이트의 세계』, 마에지마 신지, 2000년, 平凡社

『필휴必携 아라비안나이트 ― 이야기의 미궁 속으로』, 로버트 아윈, 니시오 테츠오 역, 1998년, 平凡社

『천야일야 이야기와 중동문화』, 마에지마 신지, 2000년, 平凡社

「특집 아라비안나이트학으로의 초대」(니시오 테츠오 책임편집), 『민박통신(民博通信)』 제100호, 2003년, 國立民族學博物館

『도설圖說 아라비안나이트』, 니시오 테츠오, 2004년, 河出書房新社

『「아라비안나이트」 왕국 미술관』, 고바야시 카즈에, 2004년, 八坂書房

The Art of Story-Telling : A Literary Study of the Thousand and One Nights, Mia I. Gerhardt, 1963, Leiden : E.J.Brill.

The Thousand and One Nights. Muhsin Mahdi, 1995, Leiden/New York/Köln:E.J.Bill.

Les Mille et Une Nuits en partage. 2004, Paris:Sindbad

The Arabian Nights Encyclopedia. eds. by Ulrich Marzolph and Richard van Leeuwen, 2004, Santa Barbara: Abc-Clio

중동 이슬람 세계의 문화

『아라비아 노트 아랍의 본모습을 찾아서』, 가타쿠라 모토코, 1979년, NHKブックス

『낙타 문화지』, 호리우치 마사루, 1986년, リブロポート

『카이로의 저택 ― 아라비안나이트의 세계 건축순례』, 모토지마 야스시, 1990년, 丸善

『커피와 커피하우스 ― 중동 세계의 사교음료의 기원』, 랄프 S.하트크스, 사이토 후미코 外 역, 1993년, 同文館

『걸식과 이슬람』, 호사카 슈지, 1994년, 筑摩書房

『이슬람서도예술대람』, 이슬람 역사·예술·문화연구센터 엮음, 혼다 코이치 역·해설, 1996년, 平凡社

『미궁의 도시 모로코를 걷다』, 이마무라 후미아키, 1998년, 同文館

『이슬람 환상세계』, 가츠라 노리오, 1998년, 新紀元社

「바다의 신드바드 이야기와 아라비아어 지리서와의 관계에 대하여」, 다케다 신, 1999년, 『중동 이슬람 문화의 여러 모습과 언어 연구』, 大阪外國語大學

『목욕탕에서 본 이슬람문화』, 스기타 히데아키, 1999년, 山川出版社

『포도나무가 보이는 회랑』, 스기타 히데아키, 2002년, 岩波書店

『이븐 바투타의 세계대여행 ― 14세기 이슬람의 시공을 살다』, 야지마 히코이치, 2003년, 平凡社新書

『NHK 스페셜 문명의 길(4) 이슬람과 십자군』, NHK「문명의 길」프로젝트, 2004년, NHK出版

『이슬람과 젠더(gender) ― 현대 이란의 종교논쟁』, 지바 밀 포세이니, 야마기시 토모코 감역, 2004년, 明石書店

Social Life under the Abbasids. Muhammad Manazir Ahsan. 1979, London/New Youk:Longman, Librairie du Liban.

Serpent of the Nile: Women and Dance in the Arab World. Wendy Buonaventura, 1989, London: Saqi.

The Arabic Book. Johannes Pedersen, trans, by Geoffrey French, 1984, Princeton: Princeton University Press.

In a Caliph's Kitchen. David Waines, 1989, London: Riad El-Rayyes.

Palestinian Co tume. Selagh Weir, 1989, London: British Museum.

Arab Seafaring in the Indian Ocean in Ancient and Early medieval Times. George F. Hourani, 1995, Princeton: Princeton University Press.

Arab Dress: A Short History. Yedida Kalfon Stillman, ed. by Norman A. Stillman, 2000, Leiden/Boston/Köln: E.J.Brill.

Paper Before Print: The History and Impact of Paper in the Islamic World. Jonathan M. Bloomm, 2001, New Haven: Yale University Press.

Medieval Arab Cookery: Papers by Maxime Rodinson & Charles Perry with a reprint of A Baghdad Cookery Book. 2001, London: Prospect Books.

이슬람의 미술과 음악

『인간과 음악의 역사 이슬람』, 폴 코랄, 1986, 音樂之友社

『사물의 소리 회화의 시 아랍·페르시아 문화와 이슬람 미술』, 스기타 히데아키, 1993년, 平凡社

『지구음악기행—음의 풍경』, 미즈노 노부오, 1998년, 音樂之友社

『아랍음악』, 사라프 알 하마디, 마츠다 요시코 外 역, 1998년, パストラルサウンド

『이와나미(岩波)세계의 미술 이슬람 미술』, J.브룸 외 역, 2001년, 岩波書店

『음악의 아라베스크—움므 쿨숨의 노래 형태』, 미즈노 노부오, 2004년, 世界思想社

이슬람의 과학과 기술

『아라비아의 의술』, 마에지마 신지, 1996년, 平凡社

『이슬람 기술의 역사』, 아하마드 Y. 아르하산, 도널드 R. 힐, 다다 히로카즈 外 역, 1999년, 平凡社

『도설圖說 과학으로 읽는 이슬람 문화』, 하워드 R. 타나, 구보 요시아키 역, 2000년, 靑土社

서양 세계와 아라비안나이트

『오리엔탈리즘』, 에드워드 W. 사이드, 이마자와 노리코 역, 1986년, 平凡社

『탐험가 리처드 버턴』, 후지노 유키오, 1986년, 新潮選書

Scheherazade in England: A Study of Nineteenth-Century English Criticism of the Arabian Nights. Muhsin Jassim Ali, 1981, Boulder: A Three Continents Book.

The Orientalist Poster. Abderrahman Slaoui & Abdelaziz Ghozzi, 1997, Casablanca: Malika editions.

Toy Theatres of the World. Peter Baldwin, 1992, London: Zwemmer.

The Crescent Obscured: The United States and the Muslim World 1776~1815. Robert J. Allison, 2000, Chicago/London ; The University of Chicago Press.

Reel Bad Arabs: How Hollywood Vilifies a People. Jack G. Shaheen, 2001, New York: Olive Branch Press.

아라비안나이트와 일본

『일본인과 중동 발견』, 스기타 히데아키, 1995년, 東京大學出版會

「『아라비안나이트』 번역의 시작—메이지(明治) 전기 일본으로의 유입과 그 영향」, 스기타 히데아키, 1999년, 東京大學大學院外國語硏究紀要第4号

『회화의 동방東方—오리엔탈리즘에서 쟈포니즘으로』, 이나가 시게미, 1999년, 名古屋大學出版會

『에도의 홍행』, 가와조에 유타카, 2000년, 岩波新書

『다니쟈키 쥰이치로와 오리엔탈리즘—다이쇼(大正) 일본의 중국 환상』, 니시하라 다이스케, 2003년, 中央公論新社

ESTATS DE L'EMPIRE DU GRAND SEIGNEUR
DES TURCS
EN EUROPE, EN ASIE, et EN AFRIQUE
divisé en tous ses
BEGLERBEGLICZ, ou GOUVERNEMENTS;
où sont aussi remarqués les Estats qui luy sont Tributaires.
Dressé sur les plus Nouvelles Relations.
Par le S. Sanson, Geographe Ordinaire du Roy.

PRESENTÉ A MONSEIGNEUR LE DAUPHIN,